家中スッキリ片づく!

り棒」の便利ワザ

つっぱり棒博士・整理収納アドバイザー
竹内香予子

青春出版社

はじめに

この本は、一冊まるごと「つっぱり棒」について紹介した、日本初の本です。いえ、もしかすると、世界初の本かもしれません。なぜならつっぱり棒は、アメリカにあったカーテンポールをヒントに、日本で独自に発展したものだからです。

かつては押入れの中や隙間収納といったデッドスペースで使われてきたつっぱり棒ですが、実はその使い方はさまざまな可能性を秘めています。

「つっぱり棒」と聞くと、おしゃれ感ゼロの実用アイテムで、ものを掛けるだけのようなイメージがあるかもしれませんが、それは昔の話。

最近では、「こんな方法もあったんだ!?」という意外なものから、インテリアのような「見せる」タイプまで、その使い方も進化しているのです。

私は現在、つっぱり棒メーカーの三代目社長を務めるとともに、つっぱり棒の魅力を伝える「つっぱり棒博士」として活動しています。

そうしてつっぱり棒に関するさまざまな情報を日々発信していくなかで、つっぱり棒に対して古いイメージを抱いている人や、間違った使い方をしている人が多いことを実感し、より役立つ情報をお伝えしたいと思い、この本をつくることにしました。

本の中では、１５０本のつっぱり棒を駆使した私の自宅から、社内外のたくさんの方にご協力いただいたつっぱり棒の使い方事例まで、あますことなく大公開！

また、つっぱり棒を使ったことがある人なら一度は経験しているであろう「つっぱり棒の落下問題」を解決するヒントなど、つっぱり棒の基本についても解説しました。

値段が手頃で取り付けも簡単なつっぱり棒は、使い方のコツさえ押さえてしまえば、こんなに便利なものはありません。

ぜひ、つっぱり棒を使いこなして、快適な毎日を過ごしていただければ、「つっぱり棒博士」として大変嬉しく思います。

ここがスゴイ！

つっぱり棒

身近な存在で、何気なく使っているつっぱり棒ですが、実はこんなにたくさんのメリットがあります

安い！ 早い！

自分で取り付けができるため、専門業者に頼まなくていい。手間賃がかからず、商品価格だけで出費が済むうえ、すぐに取り付けできる

デッドスペースを有効活用できる

棒を取り付けるだけだから、専門的な知識や工具がなくても大丈夫。ちょっとした隙間やデッドスペースを収納場所に変えられる

失敗しても やり直しOK

つっぱる力だけで固定するので、取り付け場所などを間違えても、壁などの傷を心配せずにやり直しが可能

壁を 傷つけない

取り付けには、ネジや釘、接着剤を使わないので、天井や床、壁などを傷つけない。現状回復が必要な賃貸住宅でも安心して使える

模様替えが 簡単

取り外しも簡単なので、家族構成やライフスタイルの変化に合わせて、気軽に模様替えできる

サイズ調整が 簡単

太いパイプから細いパイプを引き出すことで、長さ調整ができる。取り付け場所で幅を微調整したいときも、工具を使わずジャストサイズに取り付けできる

こんな使い方があるなんて！

つっぱり棒の5つの活用ワザ

つっぱり棒の使い方は、カーテンレールの代わりや服を掛けるだけだと思っていませんか？　そんな使い方だけではもったいない！　つっぱり棒は暮らしを便利に、快適にしてくれる、魔法のアイテム。ここではその活用ワザを5つに分けて紹介します

分ける

つっぱり棒やつっぱり棚を使って空間を分ける使い方。例えば、つっぱり式のパーティションやつっぱり補助具を使えば、部屋の間仕切りにもなります

引き出しや棚の中など、せまい空間でも活用できます。その場合は小さいサイズのつっぱり棒や棚などを前後や左右につっぱると、スッキリ分けられます

載せる

クローゼットや押入れはつくりつけの棚やハンガーバーが付いていますが、使い方によっては空間が余ってしまうこともあります。そんなときにはつっぱり棒やつっぱり棚が大活躍します

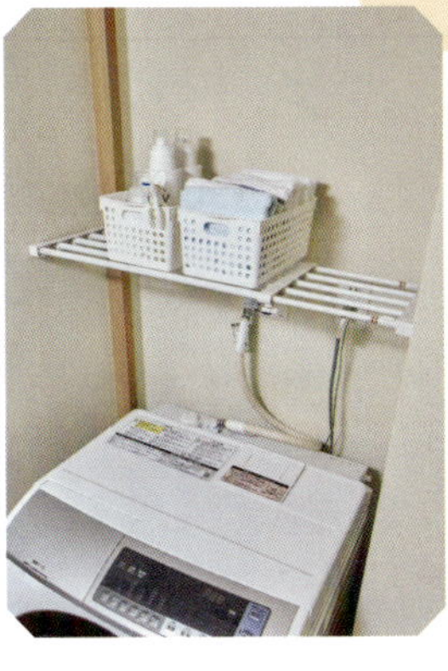

洗濯機上もデッドスペースに棚を足せば、タオルや洗剤置き場に。収納場所でないところでも、つっぱり場所さえあれば、収納空間に早変わりします

掛ける

もっともオーソドックスな活用方法。つっぱり棒にハンガーやS字フックなどを使って、さまざまなものを掛けることができます

つっぱり棒専用のカーテンリングを使えば、カーテンレールとしても使えます

飾る

収納だけでなく、空間のデコレーションにも使えます。フェイクグリーンをぶら下げたり、LED照明を巻き付けたり……簡単に取り外しできるので、季節や気分に応じてコーディネートを変えられます

つっぱり棒専用の組み合わせパーツを使って玄関をデコレーション

支える

ブックエンドとして本を支えたり、ものが倒れてこないように支えたりすることができます

家具固定用の耐震ポールも、つっぱる力で家具を支えています

家中スッキリ片づく！
「つっぱり棒」の便利ワザ
目次

2章

見てすぐ使える「つっぱり棒」の便利ワザ

3章

お部屋が素敵に大変身！「つっぱり棒」のBefore→After

4章

博士直伝！「つっぱり棒」を使いこなすための基礎講座

本文イラスト…富永三紗子
本文デザイン…青木佐和子

つっぱり棒の事例について

つっぱり棒は、その構造の違いによって
2種類に分けられます

バネ式　パイプにバネが内蔵されているタイプ。パイプを回して長さを調節します

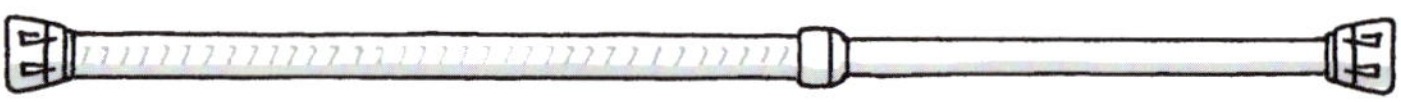

ジャッキ式　パイプの端についているジャッキ部分の伸び縮みでつっぱるタイプ。ネジで2本のパイプの長さを固定し、さらにグリップ部分を回してつっぱります

バネ式よりもジャッキ式のほうが、耐荷重*が大きくなっています。使う場所や掛けるものの重さに合わせて、どちらのつっぱり棒を選ぶのかがポイントです。

さらに、つっぱり棒を複数使いしたり、S字フックやフック付きクリップと組み合わせると、使い方のバリエーションが広がります。

そこでこの本で紹介する事例では、参考としてつっぱり棒の種類や使用本数、組み合わせた小物などもあわせて紹介しています

＊ つっぱり棒全体に均等に荷重がかかったときに耐えられる荷重のこと

つっぱり棒は、商品によって安全に使うための取り扱い条件が異なります。この本で紹介している事例の中には、個人の判断で使用しているものもありますので、購入した商品の取扱説明書に従って、ご自身の責任でお使いください

1章

使用総数150本！
「つっぱり棒博士」の
自宅へようこそ

我が家はリノベーションした60㎡のワンルームマンションでの、夫婦2人暮らし。つくりつけの収納が少ないため、つっぱり棒をフル活用して居心地のいい空間をつくり上げました。

ちなみに使っているつっぱり棒の数は150本以上！用途に合わせ、さまざまな種類のものを使い分けています。

また、取り外しの簡単なつっぱり棒のメリットは、なんといっても気軽に模様替えできること。私も、ものの量や暮らしの変化に合わせて、ときどきつっぱり棒の使い方を見直しています。ここではそんなつっぱり棒のバリエーションも参考にしていただければと思います。

自宅の間取り

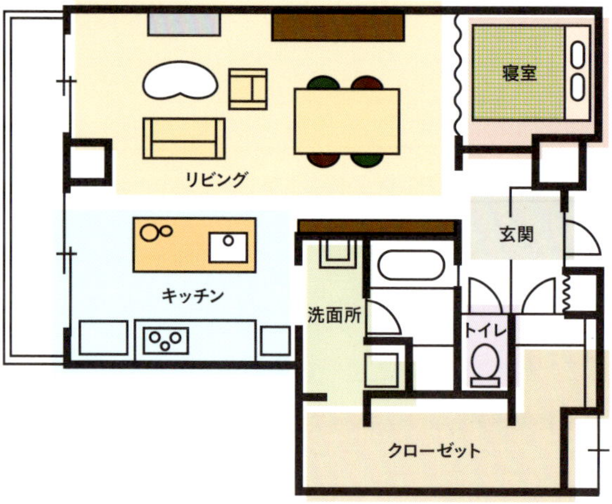

キッチン

Kitchen

キッチンのアイランドカウンター。
「見せる収納」につっぱり棒が大活躍

» バネ式×2本

上段には木の板を追加。棚板を増やして収納力アップ

木の板を支えるのは、2本のつっぱり棒。木の板はL字型になっているので、正面からはつっぱり棒が見えません

ジャッキ式 棚タイプ

棚が少ないので下のスペースにつっぱり棚を追加

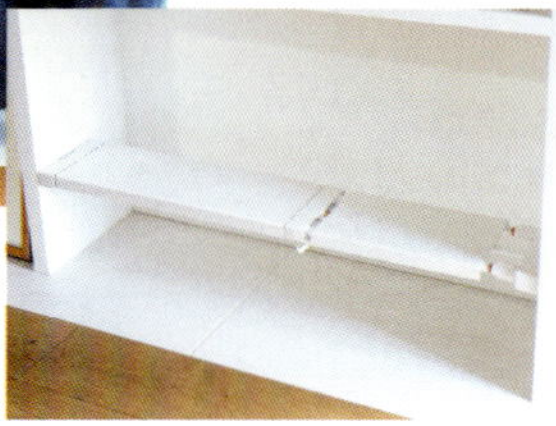

奥行のない棚には、細身のつっぱり棚がおすすめ

バネ式

こんなおしゃれなつっぱり棒もあります。本の前でつっぱって、落下を防いでいます

バネ式＋フェイクグリーン

こんな
模様替えが
できます

ウッディーな雰囲気に合わせて、茶系のつっぱり棒を使用。フェイクグリーンを絡ませてインテリアのアクセントに

» ジャッキ式 ラックタイプ

ものが多いキッチンがスッキリしているのも、つっぱり棒のおかげ。よく使う調味料を手の届きやすいところに収納

» ジャッキ式 棚タイプ

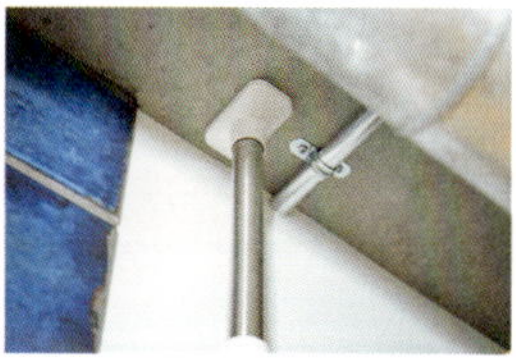

このように、しっかり天井につっぱっています

食器棚の上に、棚板付きのつっぱり棒を。
カゴの中には使用頻度が低い調理家電を収納

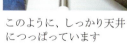

» バネ式

つっぱり棒はキッチンペーパーホルダー代わりにもなります！

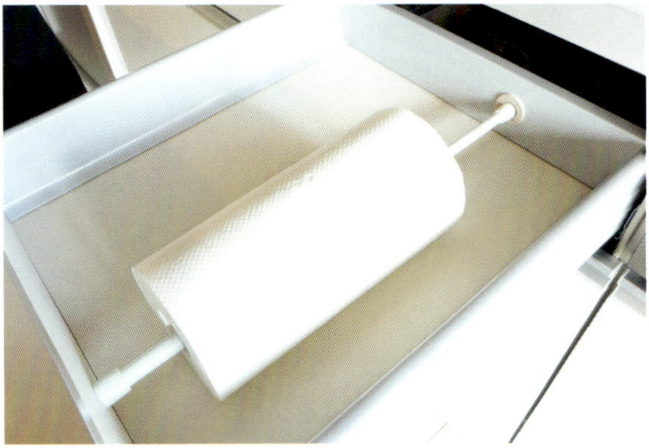

かさばるキッチンペーパーも、引き出しの中に収めると見た目もスッキリ

» ジャッキ式 棚タイプ

本来は隙間収納用のつっぱり棚も、立てて使えば可動式の仕切りに。ふきんなどの布小物がきれいに収まります

» バネ式×2本＋ブックエンド

場所をとるフライパンも、ブックエンドがあれば立てる収納が可能に！ さらに2本のつっぱり棒で、フライパンが動くのを防ぎます

ブックエンドは耐震用粘着マットで固定しています

» ジャッキ式 棚タイプ

引き出しの天井に、つっぱり棚をセット。重いフタをしっかり支えるために、強度の高いジャッキ式を使用

» バネ式×2本

短いつっぱり棒を引き出しの中につっぱり仕切りに。開け閉めしても、これなら中身がごちゃごちゃになりません

こんな模様替えができます

すのこなど、厚みのある板をプラスすることで、引き出しを補強。しっかりつっぱっても、これならたわみの心配もありません

» バネ式×2本＋メッシュパネル

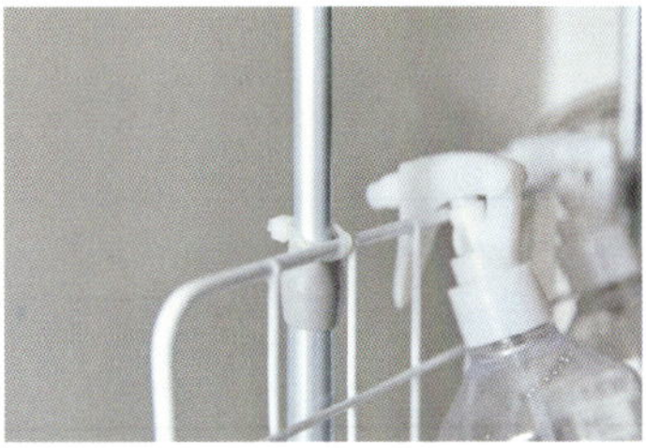

メッシュパネルは結束バンドでとめています

シンク下で縦につっぱり、メッシュパネルを取り付けました。壁面収納ができて便利

» バネ式＋クリップ付きS字フック

短いつっぱり棒を、冷蔵庫のドアポケットに。チューブ調味料などをはさんでひっかければ、もう迷子になりません

» バネ式×2本

冷蔵庫の棚が少ないときも、つっぱり棒が強い味方！ ハムやベーコンなど、薄いものの収納に最適

» バネ式×2本

短いつっぱり棒を縦に使えば、仕切りにもなります

強くつっぱれない棚と棚のあいだでは、十字に切れ込みを入れた耐震用粘着マットをポールに通してキャップと棚を固定

リビング
Living

» つっぱり補助具＋木材

つっぱり補助具（38ページ参照）と、ホームセンターなどでカットした木材を組み合わせるだけで、オリジナルのつっぱり棒をつくることが可能に。天井と床につっぱった木材と、壁掛けテレビ用の金具を組み合わせると、壁に傷をつけずにテレビを掛けることができます

柱をわざと壁から1cm離してつっぱり、隙間にコードを入れ、正面から見えないように隠している

天井部分はこんなふうにつっぱっています

日当たりのいい窓際につっぱり棒を駆使して、室内ガーデニングを楽しんでいます。縦につっぱっているのは、「DRAW A LINE（ドローアライン）」（113ページ参照）という「見せる」ことを意識したつっぱり棒。追加で棚などの取り付けが可能

» つっぱり補助具＋木材

窓際では、つっぱり補助具で棚をつくり、植木鉢などを置いています

» ジャッキ式 DRAW A LINE＋S字フック

手前側では、つっぱり棒にS字フックをプラスし、グリーンを吊るしています。梁《はり》と同じ白を選べば、部屋にも違和感なく溶け込みます

本や雑貨を飾っている棚は、木の質感に合わせたつっぱり棒を選び、おしゃれな雰囲気に

» バネ式

黒いつっぱり棒を縦に使い、本が倒れないようブックエンド代わりに

» バネ式×2本

前後に高さを変えて2本のつっぱり棒を取り付け、そのあいだに本を差し込んでいます。お気に入りの本は表紙を見せて飾っています

» ジャッキ式×2本＋カーテンリング＋フック付きクリップ

窓際につっぱり棒を2本設置。手前をカーテンレール、奥を物干し竿として利用。急な来客時もカーテンを閉めれば洗濯物を隠すことができます

» つっぱり補助具＋木材＋S字フック

S字フックなどを使って、よく使う掃除道具などを吊るして収納

天井から床を縦2本でつっぱり、あいだに横木をわたしてネジで固定

» つっぱり補助具＋木材

写真立てや小物など、
奥行のないものの飾り棚に

» バネ式＋ライト

木材に合わせた茶系のつっぱり棒をセレクト。クリスマスのガーデンライトを巻き付け、夜には灯りを楽しめます

こんな模様替えができます

壁際にあった棚を移動させ、
キッチンとリビングのあいだのパーティションにしました

模様替えのプロセス

1

つっぱり補助具と木材でつくった棚に、有孔ボード（ベニヤ板でも可）をテープで上下左右に仮止めしておく

2

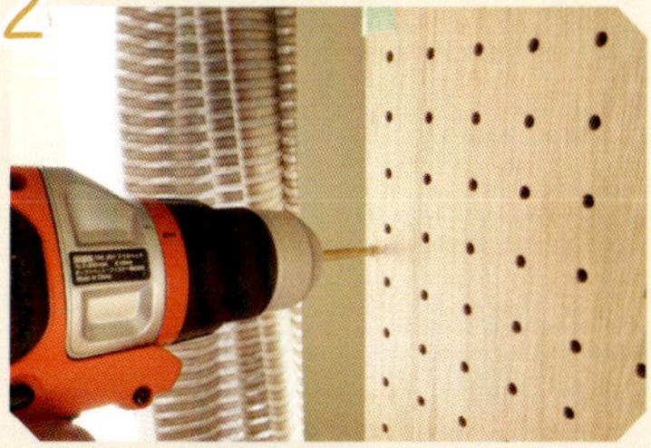

ボードと木材をネジで固定する（左右8箇所程度ずつ）

3

天井部分のつっぱり補助具をゆるめ、取り付けたい場所に移動させる

4

天井部分のつっぱり補助具をしっかりとつっぱる

30分程度で、新しい棚が完成！

» つっぱり補助具 ＋ 木材

こちらは天井から床を縦1本でつっぱり、出番の多いクリーナーを収納。さらにフックをネジで取り付ければ、クリーナーのヘッド部分なども一緒にかけられる

クリーナー専用の壁掛け器具を設置。これで壁掛け収納が可能に

壁に直接穴を開けたくないときのおすすめ方法です

寝室

Bedroom

» ジャッキ式＋カーテン用リング＋フック付きクリップ

リビングと寝室の仕切りとして、
カーテンを取り付け

ジャッキ式のつっぱり棒に対応した専用のカーテン用リング。これを使えばジャッキ式つっぱり棒もカーテンレールとして活用できます

こんな模様替えができます

» ジャッキ式 DRAW A LINE

天井から床につっぱり、
寝室のパーティションに

メッシュになっているので、
額や専用パーツを取り付けできます

≫ ジャッキ式 DRAW A LINE ランプセット

あると便利な枕元の収納棚を、ベッド際のわずかな隙間にも設置できます。専用の照明器具を使えばスタンドライトにも変身

≫ つっぱり補助具＋木材

壁の薄いくぼみの手前でつっぱることで奥行を確保、布製ボックスと合わせて寝具を収納しています

玄関
Entrance

» ジャッキ式 DRAW A LINE ランプセット ＋シェルフセット

ドローアラインを上下に2本セット。1本には専用の照明器具を組み合わせ、インテリアのアクセントに

こんな模様替えができます

使い道に困る奥行のないデッドスペースも、つっぱり棒をプラスすれば収納空間に大変身

» バネ式×2本

上段には来客用のスリッパなどをはさんで収納している

» バネ式＋S字フック

下段は傘などを吊るして収納するスペースにしている

» ジャッキ式 棚タイプ

つっぱり棚は収納を増やすだけでなく、
パイプ部分も活用できます

パンツ用ハンガーでブーツを浮かせて収納。型崩れも防げます

» バネ式×3本

つっぱり棒の複数使いで棚を追加。軽い靴をしまっています

洗面所
Restroom

≫ ジャッキ式 DRAW A LINE

天井と床へ、1本のつっぱり棒をつっぱっています。洗面所の色と合わせた白をチョイス

棚などのパーツを追加して、小物を収納。高さを自分で調節できるのもとても便利

≫ バネ式＋メッシュ棚

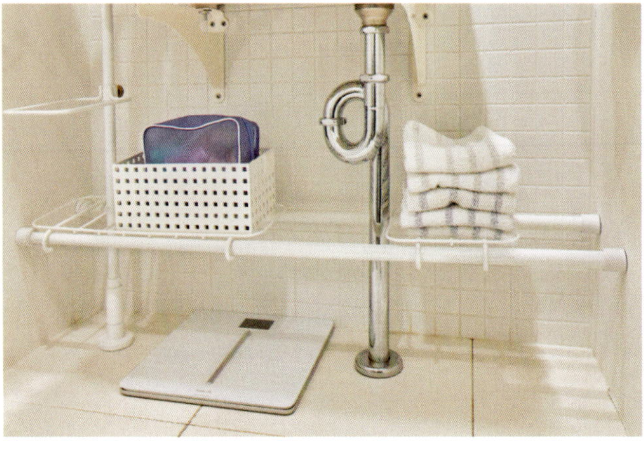

シンクの下にも、白いつっぱり棒をわたして。メッシュ棚を載せて利用

≫ つっぱり補助具＋木材

壁の左側では、天井と床に柱を縦2本つっぱっています

≫ バネ式×2本

シンクの下では、横方向に2本、段違いでつっぱっています。カゴをプラスして、小物などを収納

≫ バネ式＋S字フック

S字フックを使って、ネックレスや時計を吊るします。小さいつっぱり棚には、ピアスをかけています

≫ ジャッキ式 棚タイプ

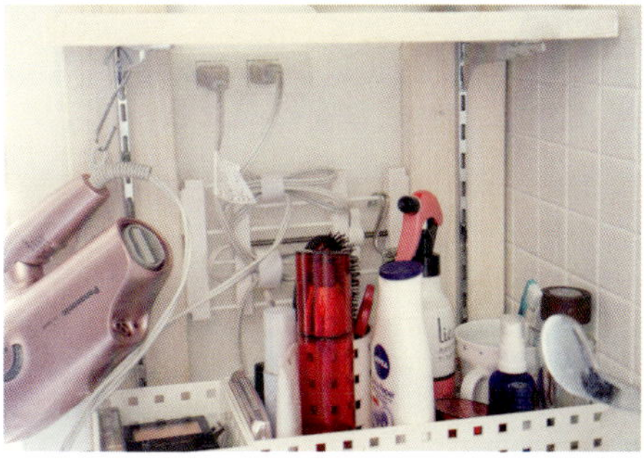

小さいつっぱり棚に、ドライヤーなどの配線を絡め、スッキリとさせています

» ジャッキ式 棚タイプ

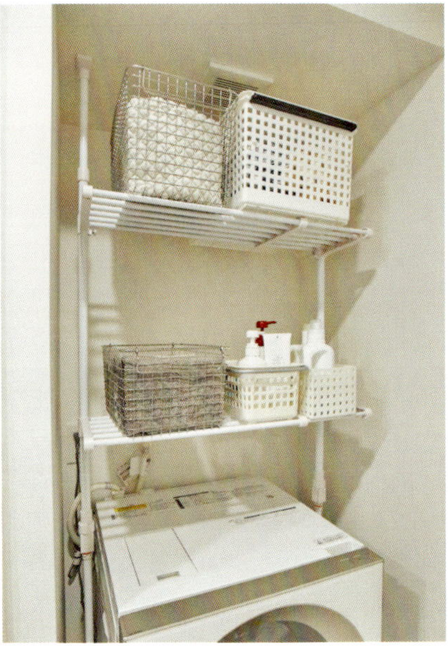

天井から床へつっぱるつっぱり棚には、洗剤やタオルなどを収納

» つっぱり補助具＋木材

2本の柱をつっぱり、大きめの棚板を載せて、洗濯物などを入れています。壁の色に合わせ、木材やカゴも白を選んでいます

» バネ式＋フック

つっぱり棒を使って浴室扉にタオルやバスマットを掛けるハンガーバーを追加。このつっぱり棒、実はつっぱっていないんです！

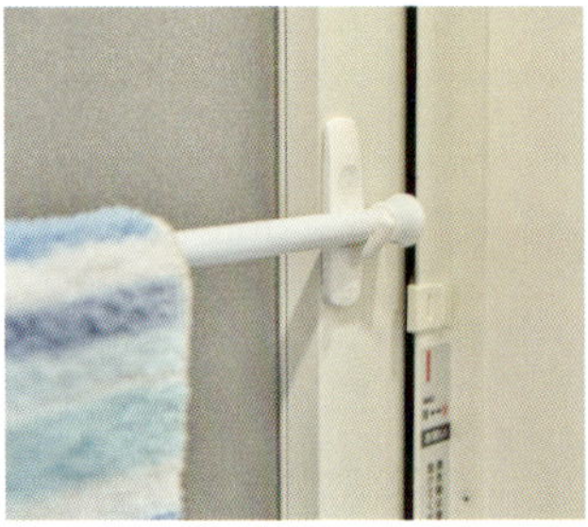

浴室扉に粘着フックを貼り付け、そこにのれん棒のようにつっぱり棒を載せています

トイレ

Toilet

» ジャッキ式 DRAW A LINE シェルフセット

壁に合わせた白いつっぱり棒をわたし、棚を追加

S字フックで飾りを吊るし、ディスプレイを楽しめます

» バネ式×2本

トイレのタンクと壁のあいだでつっぱり、小物を入れた箱と消臭スプレーを浮かせて収納

こんな模様替えができます

上の部分では、2本のつっぱり棒で、トイレシートと消臭スプレー置き場に。下の部分では、小さいつっぱり棚にトイレブラシを載せています

Column

ここまで進化した！

つっぱり棒①……つっぱり補助具

つっぱり棒が日本に登場して40年ほど経ちますが、ここ数年つっぱり棒の構造を使った新しい商品が大人気となっています。

それが「LABRICO（ラブリコ）」（平安伸銅工業）というブランドで展開されているつっぱり補助具（つっぱり式DIYパーツ）。ホームセンターで販売されている規格木材につっぱり構造のキャップをはめると、ネジ釘を使わずに柱を天井から床に立てられるという商品です。

立てた柱にフックを付けたり、パネルを張ったりして、自分好みの棚や間仕切りにアレンジすることができます。もっと、自分らしく、おしゃれに暮らしたいけど、「難しい道具は使いたくない」「壁や床は傷つけたくない」、そんな日本の住環境のニーズにマッチして、今とても注目を集めています。

私の家でもたくさん使っていますが、つっぱり棒の利便性はそのまま、色や形、用途など自分好みにアレンジできるので、とても重宝しています。

つっぱり補助具（つっぱり式DIYパーツ）の取り付け方

1…はめて

床から天井までの高さを測り、所定の長さにカットした木材に、つっぱり補助具をはめ込みます

2…立てて

取り付けしたい場所に、つっぱり補助具をはめた木材を立てます

3…つっぱる！

つっぱり補助具の先端にあるジャッキ部分を回して、木材を床と天井のあいだにつっぱって固定します

つっぱり補助具の活用法

其の1 …仕切る

柱２本にすのこを複数わたすと、オリジナルのパーティションになります。横板にＳ字フックを引っかけて、グリーンや額縁を飾ることができます

其の2 …掛ける

つっぱって固定した柱に、ビスでフックやカゴを取り付けて掛ける収納を造作。壁を傷つけずにお子様の外遊びグッズ収納などがつくれます

其の3 …棚にする

つっぱって固定した２本の柱に棚板を取り付けしたら、靴棚が完成。暮らしに合わせて棚板の数や棚幅が決められて便利です

2章

見てすぐ使える「つっぱり棒」の便利ワザ

» バネ式×2本

2本のつっぱり棒でグラスを逆さに収納。これならホコリも入らない

» バネ式＋S字フック

カップボードの中で活用。取り出すときもラクチン

» バネ式＋S字フック

横方向につっぱり棒を使い、出番の多いふきんやマグカップを見せて収納

» ジャッキ式×3本 ラックタイプ

シンク横のちょっとした空間も、ラックタイプのつっぱり棒を使えば収納スペースに大変身

» バネ式＋フック式ピンチ

ピンチで吊るして乾きやすく。これならふきんも衛生的

» バネ式＋リング付きクリップ

キッチンの目隠しとして、カーテンレールのように使っています

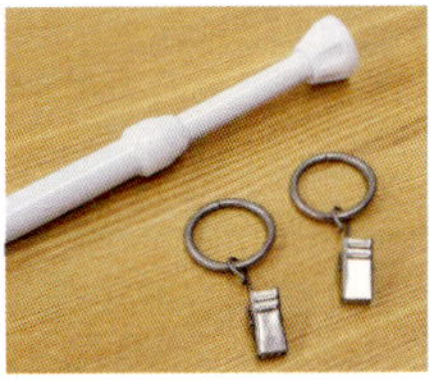

» バネ式 ＋ リング付きクリップ ＋ S字フック

吊戸棚の下の壁面近くにつっぱり棒を取りつけて、
ミトンやふきんなどの小物を掛けて収納

» バネ式 × 2本

キッチン上部に、ラップやアルミホイル、
ティッシュ、ゴミ袋などを収めています

» バネ式

キッチン上部でつっぱり、
ロール状のキッチンペーパーをセット

長いつっぱり棒は横に
わたしてもOK

» バネ式＋リング＋ピンチ

ふきんをかける場所にするのも
おすすめ

» バネ式×2本

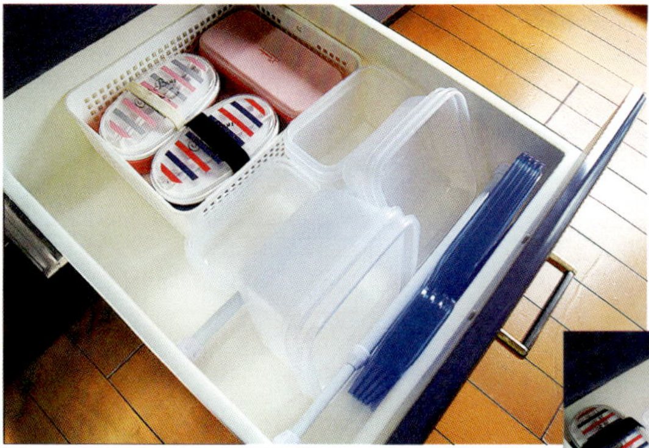

キッチンの引き出しの中。ものの量に合わせて、つっぱり方を変えることもできる

つっぱり棒を交差させる使い方

» ジャッキ式 棚タイプ

つっぱり棚をわたしてボックスを載せる。引き出しの中のデッドスペースを活用

» バネ式

軽いものなら1本のつっぱり棒でも大丈夫。ランチョンマットやキッチン用品のストックを入れています

ジャッキ式 棚タイプ

棚状になっている「つっぱり棚」は、簡単に収納棚を増やすのに最適

ジャッキ式 棚タイプ

収納棚の上部の空きスペースは、高さのないものを収納する場所に

バネ式

スプレー類のノズル部分をつっぱり棒に引っかけ、浮かせて収納

» ジャッキ式 棚タイプ

つっぱり棒を取り付ければ、棚板を簡単に追加できます

» バネ式×2本

収納の仕方を変えたいときも、つっぱり棒ならラクラク。2本のつっぱり棒を段違いに使うテクニック

» バネ式×2本

引き出しの中の仕切りとして。見た目もスッキリしていて取り出しやすくなります

» バネ式×2本

カウンターから天井へとわたしたつっぱり棒に、すのこ状の板をプラス。おしゃれにキッチンの目隠しが可能

» バネ式×2本

ホコリがたまりやすい冷蔵庫の上もこれなら大丈夫。2本のつっぱり棒を段違いに使い、布をプラス

» バネ式

つっぱり棒をカーテンレールとして使う、スタンダードな活用法。冷蔵庫の上に置いたものの目隠しとして使っています

» バネ式×2本

キッチンで使うことの多いゴミ袋や掃除用品をまとめて収納

» バネ式＋S字フック

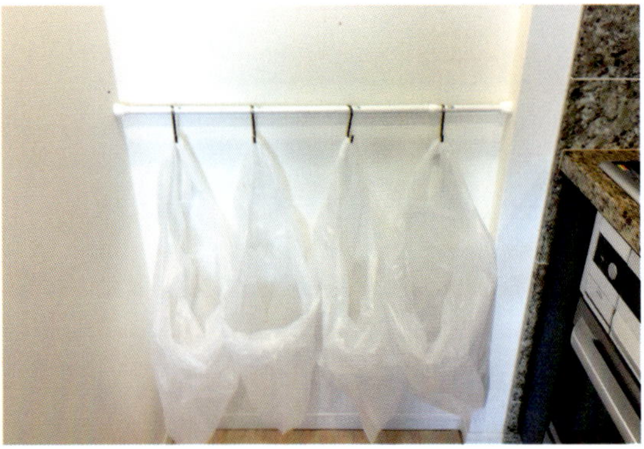

わざわざゴミ箱を用意しなくても、これなら省スペースで分別できる

» バネ式×2本

ゴミ袋を表に出したくないときは、ゴミ箱置き場の奥を有効活用。ゴミ袋のストックはつっぱり棒におまかせ

» バネ式

テーブルの脚につっぱり棒をわたし、よく使う掃除道具をおしゃれに収納

» バネ式×2本

テーブルの裏に秘密あり！　実はティッシュが隠れています

一見、普通のテーブル

» バネ式

つっぱり棒にグリーンをからめ、部屋のアクセントに

ジャッキ式

部屋の壁から壁へとつっぱり棒をわたし、室内洗濯物干しに

バネ式

つっぱり棒の原点、のれん使い。
部屋の目隠しに

バネ式×3本

布と組み合わせることで、
ブラインドに変身!

子ども用スペース

Children's space

» バネ式

ボックス収納の内側に
つっぱれば、たちまちク
ローゼットに早変わり

軽い木箱を引っかけれ
ば、こんな使い方も可能。
斜めで取り出しやすい

» バネ式×3本

子どものおもちゃを収納。
上段はクローゼット風に、
中段は2本使いにしてカ
ゴと組み合わせて

» ジャッキ式×2本

クローゼット上部のデッドスペースに2本のつっぱり棒で棚を追加

» ジャッキ式

上着を収納したスペースの下につっぱり棒を追加。丈の短い子ども服などをかけています

» ジャッキ式＋S字フック

S字フックと組み合わせて、バッグを吊るす方法もあり

» バネ式×2本

隙間があればつっぱり棒の出番！　2本使いで手前と奥に収納できる

つっぱり棒を2本使用！

» バネ式

短いつっぱり棒を隙間収納で活用

» バネ式＋S字フック

クローゼットの隙間にS字フックを使ってアクセサリーを収納

» ジャッキ式 棚タイプ

クローゼットの追加棚として。衣類やバッグは重量があるので、耐荷重の大きいジャッキ式がおすすめ

» バネ式

引き出しの中でつっぱり、たたんだ衣類を仕切る

» バネ式＋リング＋ピンチ

リングにピンチを取り付けて吊るす収納。フック式ピンチを使っても

» バネ式×2本＋メッシュパネル

2本のつっぱり棒を縦に使い、結束バンドでメッシュパネルと組み合わせる。フックにベルトなどを掛けて収納

» ジャッキ式＋バネ式＋チェーン

チェーンを使って、つっぱり棒をジャッキ式のつっぱり棒にぶら下げます。洋服を掛ける場所が二段になり収納量がアップします

チェーンとつっぱり棒は、結束バンドで固定しています

» バネ式＋S字フック

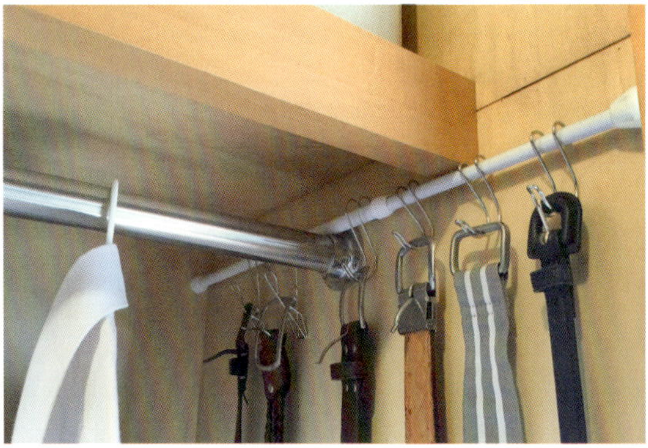

せまいスペースでも問題なし！　S字フックにベルトをかける使い方

» バネ式

ネクタイハンガーがなくても、つっぱり棒にそのままかければOK！

» バネ式＋S字フック

吊るす収納なら、バッグの型崩れも防げて一石二鳥

» バネ式×2本

シューズクローク下のデッドスペースを活用。つっぱり棒で収納が2倍！

» バネ式

オフシーズンの靴をシューズクロークの奥のスペースに立てて収納

奥はこうなってます

» バネ式

靴のヒール部分をつっぱり棒に引っかけて。
これも収納力2倍のテクニック

» バネ式

スリッパラックはもういりません！
来客用スリッパを、つっぱり棒で立てて収納

» バネ式＋ジャッキ式 棚タイプ

靴箱上部につっぱり棒でハンガーバーを追加。傘を掛けて収納したうえで、空いたスペースにはつっぱり棚を追加してスペースをフル活用

» ジャッキ式 DRAW A LINE

玄関の靴箱上につっぱり棒を縦に
設置。フックや棚を組み合わせて、
鍵や折りたたみ傘を見せて収納

» バネ式

シューズクロークの中でつっぱれば、
こんなふうに傘も収納できます

» バネ式

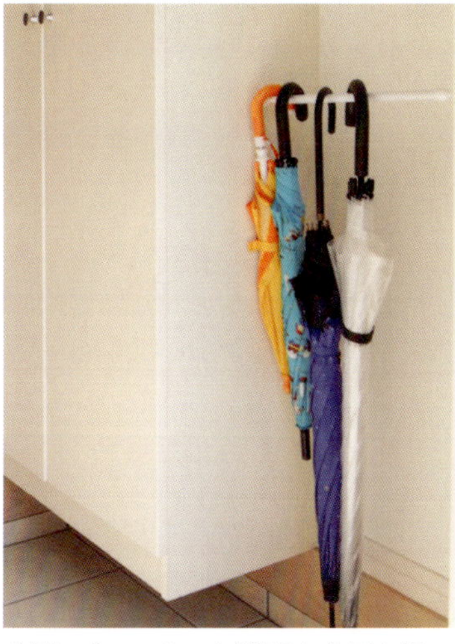

玄関のちょっとした隙間を傘置き場に。
浮かせているからお掃除もラクラクです

≫ バネ式＋リング＋ピンチ

壁に帽子を吊るして収納。
帽子選びもスムーズに

≫ ジャッキ式 DRAW A LINE

2足分の床面積で4足収納が可能。
空間の高さを活かすことができる
のもつっぱり棒の魅力

≫ ジャッキ式 DRAW A LINE

縦に取り付けたつっぱり棒にフック
やテーブルを組み合わせてコート
ハンガーに。手狭な玄関でも邪魔
にならない

≫ バネ式

たたんだタオルを押さえるのに活用。つっぱり棒を下のほうに取り付けているので、タオルも取り出しやすい

≫ バネ式×2本

パイプが邪魔して収納スペースとして使いにくい洗面台の下も、つっぱり棒が解決します！

カゴを斜めに載せるテクニック。低い場所でも取り出しやすくするひと工夫

» バネ式×2本

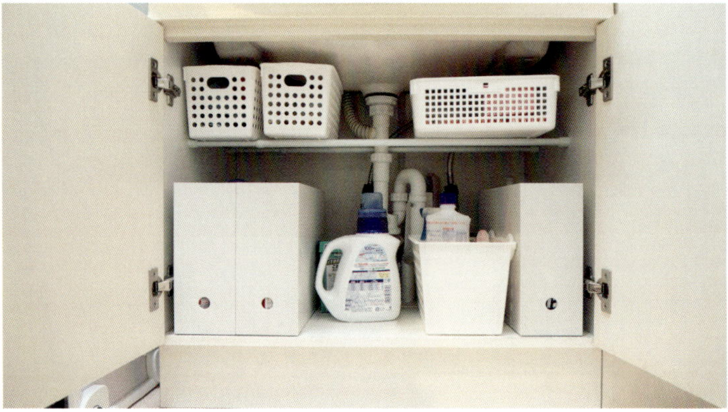

2本のつっぱり棒に、ボックスを組み合わせます。
全体的な色を統一することで、見た目もスッキリ美しく

» バネ式

扉の部分を利用して、
バスマット干しに

» ジャッキ式

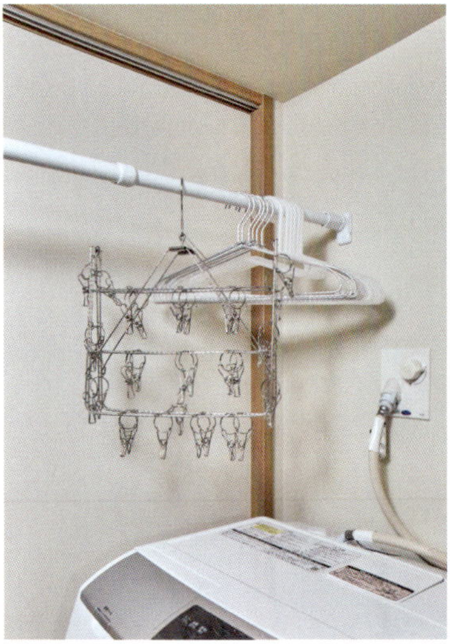

つっぱり棒を使って、洗濯に使う
ピンチハンガーなどは洗濯機の
近くで管理。吊るして収納して
いるので収納場所をとりません

>> バネ式×2本

洗濯機置き場のデッドスペースも、つっぱり棒が2本あれば、こんなに素敵に!

>> ジャッキ式 棚タイプ

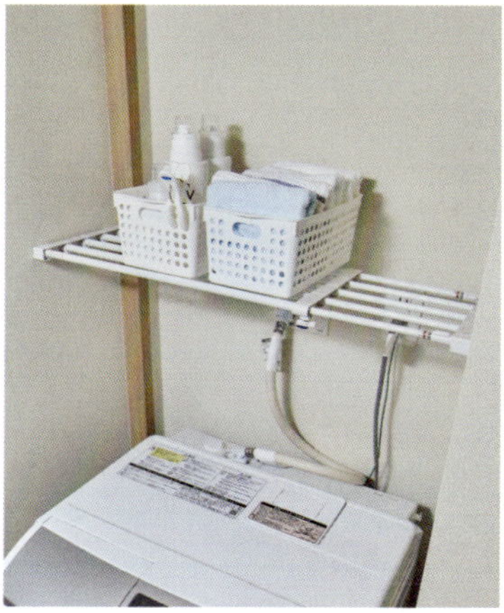

重さのあるものは棚状になっているジャッキ式がおすすめ。洗剤などを置いても安定しています

トイレ

Toilet

トイレはつっぱる場所の宝庫。タンクと壁のあいだや壁と壁のあいだなど、工夫次第でつっぱり棒を使っていろいろなアレンジができます

» ジャッキ式 棚タイプ

タンクと壁の隙間に隙間用の棚をセット。手に届く場所に掃除道具を置くことで、気づいたときにすぐ掃除ができます

» バネ式×2本

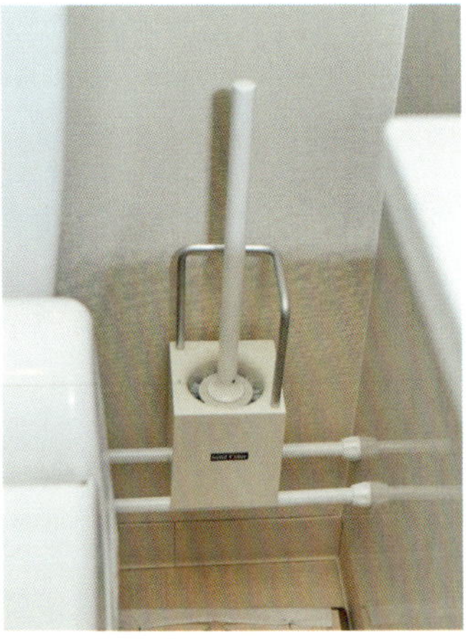

つっぱり棒2本の上に、掃除用ブラシを収納。浮かせているので床掃除もラクラク

» バネ式

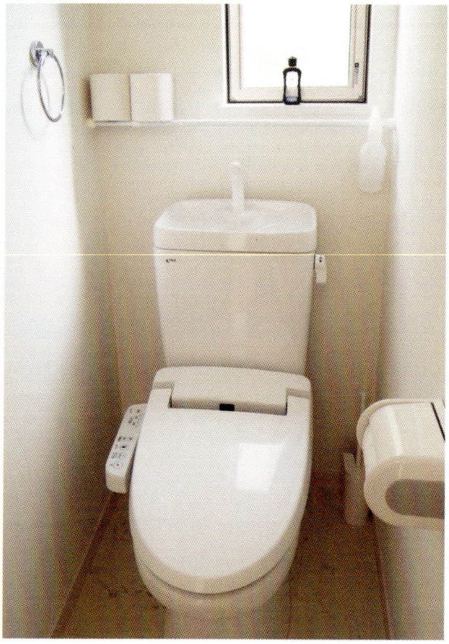

トイレットペーパーやスプレー類も、
1本のつっぱり棒がまとめて解決!

» バネ式＋ジャッキ式 棚タイプ

棚上のデッドスペースも、
つっぱり棒とつっぱり棚で有効活用

» バネ式×2本

トイレットペーパーのストックの目隠しに。カフェカーテンと組み合わせて

バネ式×2本

短いつっぱり棒で、
壁とタンクをつっぱり、
収納スペースを確保

軽いものなら1本のつっぱり棒でも大丈夫

ジャッキ式 棚タイプ

子どものトイレ用品を収納。
使わなくなったら棚ごと外せるのが、つっぱり棒のいいところ

» ジャッキ式＋メッシュパネルセット

デスク前につっぱり式パーテーションを取り付けたら、壁面収納が完成！

» ジャッキ式 棚タイプ

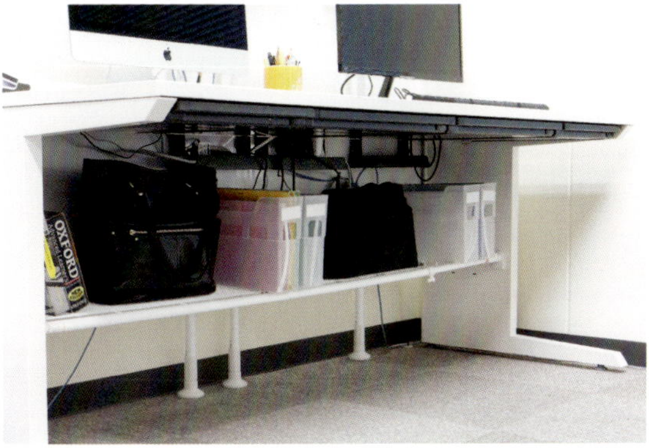

ごちゃごちゃしがちな机の下も、バッグや書類置き場に変わる

» ジャッキ式 棚タイプ ＋バネ式

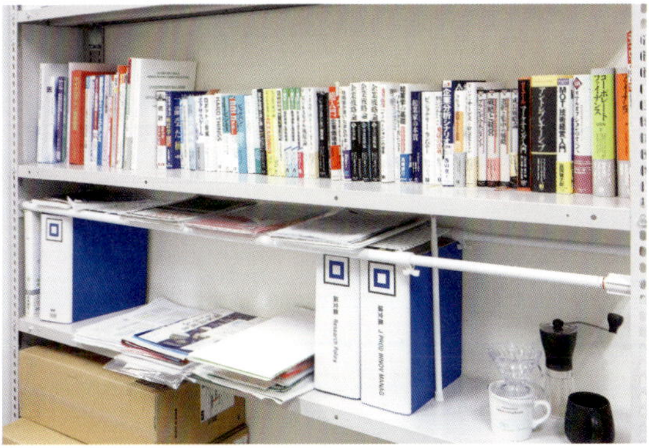

本棚の隙間に棚を追加。倒れそうなファイルは、つっぱり棒の1本使いでブックエンドに

一見ただのロッカーに見えますが、収納力アップにつっぱり棒が大活躍！

» バネ式＋S字フック

ロッカーの右側でつっぱり、消臭スプレーをセット

» バネ式＋コマンドフック

» ジャッキ式 棚タイプ

ロッカーの下の部分につっぱり棚を追加。靴が2足収納できるように

ロッカーの左側でつっぱれば、ネクタイがこんなにかけられる

3章

お部屋が素敵に大変身！「つっぱり棒」のBefore→After

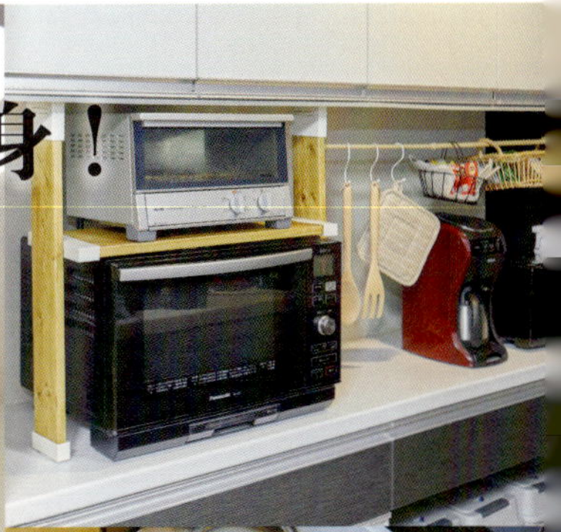

私は「つっぱり棒博士」として活動する傍《かたわ》ら、「整理収納アドバイザー」として、多くのお宅を拝見してきました。

片づかない理由として、ものが多いことが挙げられますが、そもそも収納スペースが足りない、あるいは使い勝手が悪いということも関係していることがあります。

そんなときこそ、つっぱり棒の出番！　つっぱり棒を活用すれば、片づいていない家でも見違えるほどスッキリするのです。

そこで、あるお宅の「ビフォー・アフター」をお見せすることで、つっぱり棒を使った片づけワザをご紹介します。

今の部屋にどんなふうにつっぱり棒を取り入れたらいいのか考えるときの、ヒントにもなると思います。

キッチン
カウンター上

Before

カウンター上やテーブルに
ものがあふれている

After

カウンターの天板と天井のあいだに、つっぱり補助具＋木材を使って棚を造作。カウンター上や棚にあふれていたものを棚に収納

使用アイテム ラブリコ アイアンシリーズ　1×4アジャスター・シェルフサポート（平安伸銅工業）、1×4材（ホームセンター）、プラスチックケース（ライクイット株式会社）

キッチン

引き出し

Before

鍋やフライパンが積み重なったコンロ下の引き出し

After

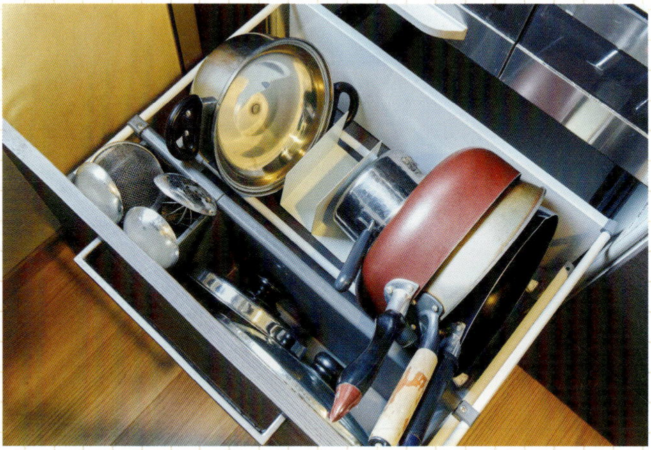

ブックエンドを耐震用粘着マットで固定して、重なっていた鍋などを立てて収納できるように工夫。横につっぱり棒を取り付けることで、引き出し内で鍋が転がらないようにしている

使用アイテム バネ式つっぱり棒、耐震用粘着マット、ブックエンド（すべて100円ショップ）

Before

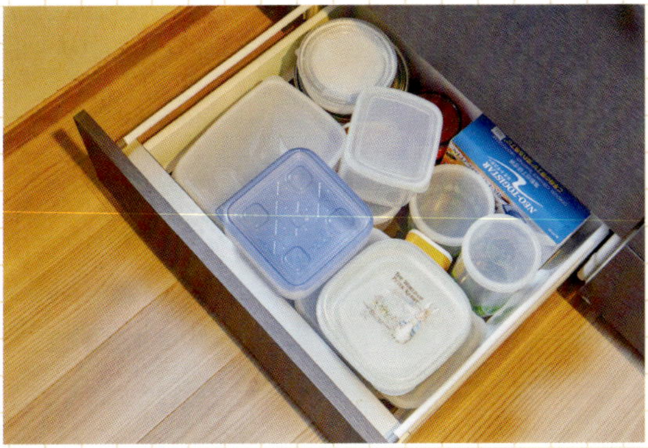

フードコンテナも重なって収納されているので、
取り出しにくい状態になっている

After

隙間用のつっぱり棚を仕切り代わりにして、フードコンテナを立てて収納。どこに何があるか一目瞭然になり、必要なものがすぐに取り出せる状態に

使用アイテム　**ジャッキ式つっぱり棒（平安伸銅工業）**

Before

シンク下の引き出しの空いたスペースに、
ものを詰め込んでいる状態

After

書類ケースやつっぱり棒、つっぱり棚を駆使し、
必要なものがすぐ取り出せる状態に

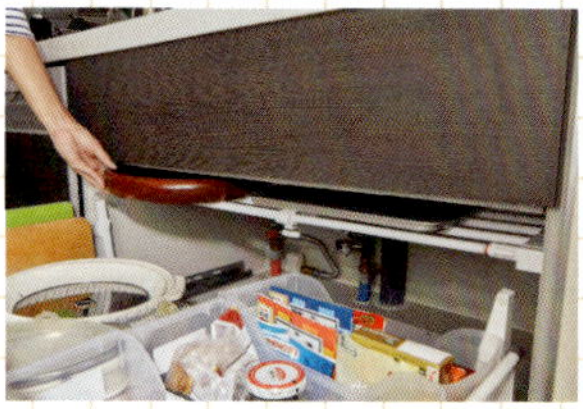

お盆など平たいものは、引き出しの天井につっぱり棚を渡して収納

引き出しの取っ手の裏側に、粘着フックとミニサイズのつっぱり棒でビニール袋を掛けて収納。また、つっぱり棒を1本つっぱり、まな板が倒れるのを防止しています

使用アイテム

粘着フック、魚の目パッド（ずれ防止）、ファイルケース（すべて100円ショップ）、バネ式つっぱり棒、ジャッキ式つっぱり棒（すべて平安伸銅工業）

キッチン

作業台

Before

作業台にものがあふれている。
電子レンジの上に直接ものを置いている危険な状態

After

つっぱり補助具でラックを作成。電子レンジの上にトースターを収納して空間を有効活用。つっぱり棒にカゴの取っ手を通したり、ミトンなどのキッチンツールをＳ字フックでぶら下げて収納することで、スペースの有効活用と取り出しやすさを実現しました

使用アイテム **ラブリコシリーズ １×４アジャスター・１×８棚受（平安伸銅工業）、１×４材（ホームセンター）、バネ式つっぱり棒、魚の目パッド（ずれ防止）、Ｓ字フック、カゴ（100円ショップなど）**

玄関

シューズクローク

Before

シューズクロークもあるがそれでも収納が足りない状態

玄関に家族の靴、部活道具、カバンなどが散乱している

After

収納力が大幅にアップ！　あふれている荷物を収め、なおかつわかりやすい収納が実現

シューズクロークにつっぱり棒やつっぱり棚で収納を追加

壁面のスペースもつっぱり棒をわたし、傘や小物を吊るして収納

使用アイテム　**バネ式つっぱり棒、ジャッキ式つっぱり棚（平安伸銅工業）**

Before

靴や部活道具などが
混在している状態

After

つっぱり棒を棚のあいだに
入れることで、スニーカー類
をぴったり収められた

Before

箱を積み重ねているので
下のものが取り出しにくい

After

シューズクロークの上にもつっ
ぱり棒をわたす。普段は使わ
ないものはここへ

Before

靴が収まりきらず、
押し込まれている状態

After

棚板や壁紙の色に合わせ、
つっぱり棒で棚をつくる

これなら靴の型崩れも心配なし

シューズクロークの上につっぱり棚
を取り付けることで、デッドスペース
がなくなった

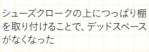

4章 博士直伝！「つっぱり棒」を使いこなすための基礎講座

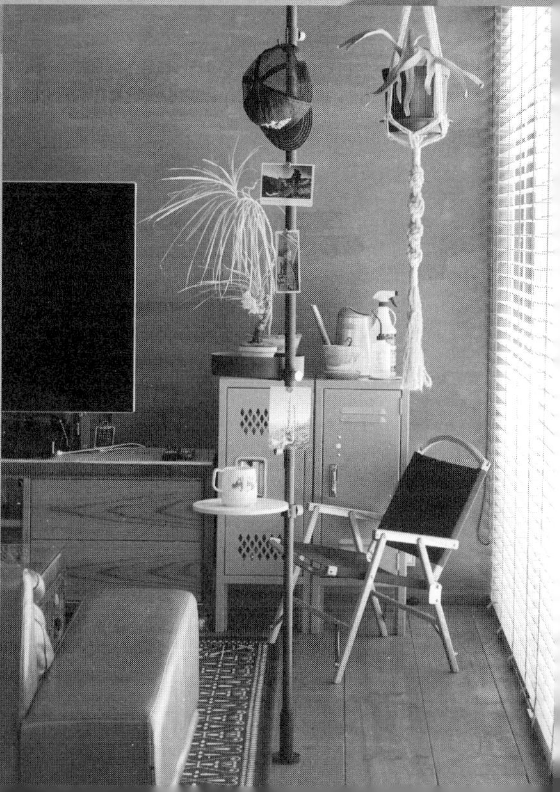

つっぱり棒には2種類ある

この章では、つっぱり棒の上手な選び方や正しい取り付け方など、「つっぱり棒使いの達人」になるための知識をお伝えしていきます。

つっぱり棒は、太いパイプに細いパイプを組み合わせ、長さ調整ができる構造になっています。2本のパイプを調整して長さを決めたうえで、取り付けする隙間の壁面に圧力をかけることでつっぱり、ネジや釘を使わず、取り付けたい場所に固定できるのです。

2本のパイプによる長さ調整と、壁面をつっぱることでの固定。これがつっぱり棒の基本要素です。

すでに述べたように、つっぱり棒は長さ調整の方法やつっぱる方法の違いにより、「バネ式」と「ジャッキ式」の2種類に分けることができます。

〔バネ式〕

パイプの中にバネが内蔵されているタイプ。パイプをくるくる回すと長さが調整できます。

バネは縮めるともとに戻ろうとする力、弾力がはたらきます。この弾力を利用して壁につっぱって取り付けたい場所に固定するしくみです。

〈ジャッキ式〉

太いパイプと細いパイプを固定ネジで連結させ、パイプに付いているジャッキ部分を使ってつっぱることで、壁に圧力をかけて取り付けたい場所に固定します。

ジャッキとは、小さい力で重いものを持ち上げることができる道具のこと。このジャッキのしくみを使うことで、壁に強い圧力をかけ、強力な耐荷重が生まれるのです。

この2種類のつっぱり棒は、それぞれ外観や強度に違いがあります。

まずはこの2つの構造を知り、その違いから生まれる特徴を理解したうえで、使用環境に応じて使い分けることが、つっぱり棒を使いこなすポイントなのです。

2種類のつっぱり棒の違い

バネ式

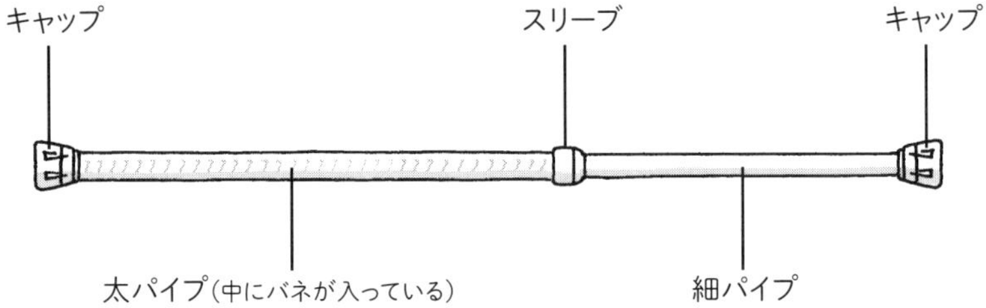

バネ式つっぱり棒

構造

パイプに内蔵されたバネを圧縮して、もとに戻ろうとする力で固定する

特徴

・つっぱる力や耐荷重は、ジャッキ式に比べて弱い
・取り付け工程が少なく、付け外しが簡単
・直線的でシンプルなデザイン
・１００円ショップなどでも売られており、値頃感がある
・サイズや色、柄などの品揃えが多い

おすすめの使い方

・カフェカーテンなど軽いものを掛ける
・棚の中などで仕切りとして使う
・模様替えが多い場所で使うとよい

ジャッキ式

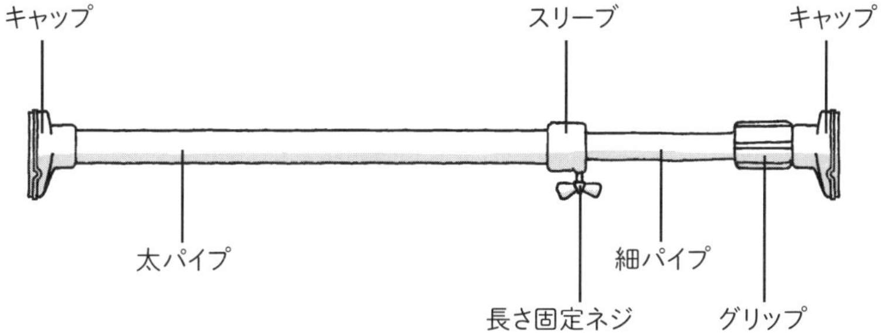

ジャッキ式つっぱり棒

構造

錐ネジによる長さ固定と、
端にあるジャッキ部分の伸び縮みでつっぱって固定する

特徴

・つっぱる力が強く、耐荷重が大きい
・パイプが太めで、パーツが多いため凸凹《でこぼこ》したデザイン
・棒タイプ以外に、棚タイプなど種類が豊富

おすすめの使い方

・洗濯物や洋服など重いものを掛ける
・一度固定したら、取り外しが頻繁《ひんぱん》に発生しない場所で使うとよい

つっぱり成功のカギを握る！　つっぱる前の準備

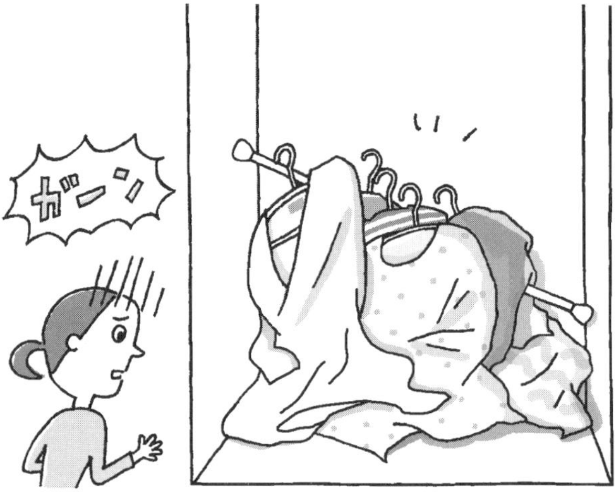

つっぱり棒を取り付けたのに、しばらく経ったらつっぱり棒ごと落下してしまった……

こんな残念な経験はありませんか？

うまくつっぱれるかどうかは、実は「つっぱる前」にかかっています。

例えば、壁の素材によっては、つっぱるのに不向きな場所もあります。以下の手順でつっぱる場所に適しているか確認しましょう。

そのうえで、その場所に合ったつっぱり棒を選ぶようにしてください。

①掛けたり置いたりするものの重さを見積もる

掛けたり置いたりするものの重さによって、ジャッキ式にするかバネ式にするかなど、つっぱり棒の選び方が変わります。

ちなみに、衣類を掛けるのに使いたい場合、メンズスーツは１～２kg、ワンピースは３００～４００g、ワイシャツは２５０～３００g、ウールコートは１～１・５kgなど、重さの目安を知っていると計算がしやすくなります。

②取り付けたい場所の幅を測る

次に、つっぱる場所の長さを測ります。

つっぱり棒は長さ調節ができるようにつくられていますが、パイプを長く伸ばすほどたわみやすくなり、耐荷重が小さくなります。例えば、幅90㎝に取り付けする場合、取り付け幅が50～１００㎝のものより、80～１５０㎝を選ぶほうが、耐荷重が大きくなります。

つっぱり棒のパッケージには、取り付けする幅でどれくらいの重さに耐えられるのか記載されている場合もあるので、選ぶときに必ず確認してください。

③壁の強さを確認する

強度がない壁に取り付けすると、つっぱる力で壁を突き破ってしまうおそれがあります。また、取り付けはできても、徐々に壁が反ってきて落下する可能性があります。

ですのでつっぱり棒の取り付けに最も適しているのは、強度が高いコンクリートの壁ということになります。

しかし日本の住宅では、石膏《せっこう》ボードや化粧合板の壁が一般的です。これらの壁自体はつっぱると簡単にたわみます。それを防ぐために、壁の後ろに支えとなる下地がある場所に取り付けるようにしてください。

（※壁の構造については90ページ〜参照）

④壁の素材を確認する

もう1つ大切なのが、壁の素材。壁面は凸凹《でこぼこ》の少ないほうがキャップとの摩擦《まさつ》力が増すため、取り付けに適しています。凸凹が大きいほど摩擦力が低下して強度が落ちるので、壁の表面がどうなっているかを確認してください。

なお、漆喰《しっくい》や珪藻土《けいそうど》などの塗り壁は、表面が凸凹しているだけでなく、壁自体が弱いので、つっぱると凹んだり割れたりするおそれがあります。このような場所にはつっぱり棒は取り付けられません。

⑤取り付けたい場所の高さを測る

つっぱり棒をしっかり取り付けるには、なんといっても壁に対して垂直につっぱることがポイント。つっぱり棒はキャップと壁の摩擦力で壁に固定されているので、斜めに取り付けるとキャップと壁に隙間が生まれ、落下の原因になってしまいます。

つっぱり棒の左右キャップを床から同じ位置に取り付けるために、床から取り付けしたい場所の高さを測り、マスキングテープなどで印をつけておきましょう。

目で見て大体の位置を決めるのではなく、ちゃんとメジャーを使って測ってくださいね。今はスマートフォンの水平器アプリを使うこともできます。

私の会社には、「つっぱり棒がうまく取り付けられない」という問い合わせがよくありますが、その7割は、正しい取り付け方法をお伝えすることで解決します。

自己流で取り付けず、必ず取扱説明書を読んで手順通りに取り付けるようにしてください。

日本の住宅の構造とつっぱり棒

日本の多くの住宅は、左のイラストのように、壁の裏には「間柱《まばしら》」や「胴縁《どうぶち》」と呼ばれる木材などが縦横にわたされています。その上に石膏ボードや化粧合板をかぶせ、壁紙や塗装で仕上げをしています。天井も同じです。木材の枠組みが吊るされていて、そこに石膏ボードや化粧合板が貼り付けられています。この住宅構造を理解したうえで、壁の裏に支えとなる「下地がある場所」につっぱり棒を取り付けすることが重要です。

下地は、市販の下地センサーを使ったり、壁を手で叩いたりすることで確認できます（下地センサーは、針タイプの場合１０００円程度、センサータイプの場合２０００円程度で、ホームセンターなどで売られています）。

特に強度の高いつっぱり棒を使うときは、確認するようにしましょう。

壁を叩いて確認する方法

【壁の構造例】

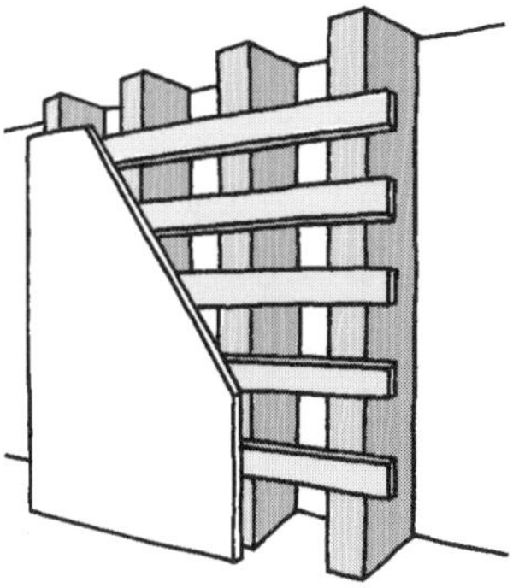

【天井の構造例】

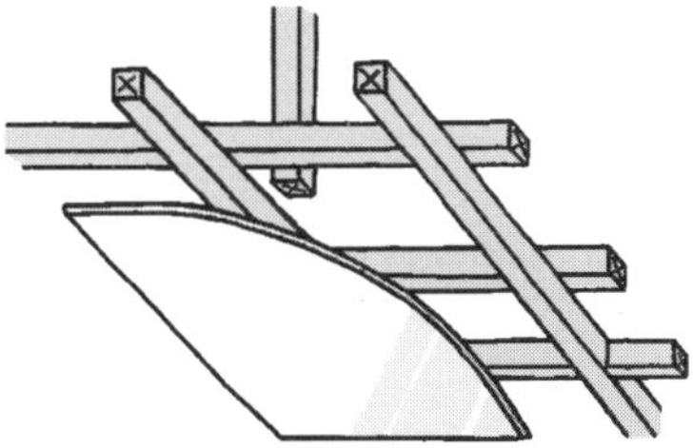

【コンクリート、木壁の場合】

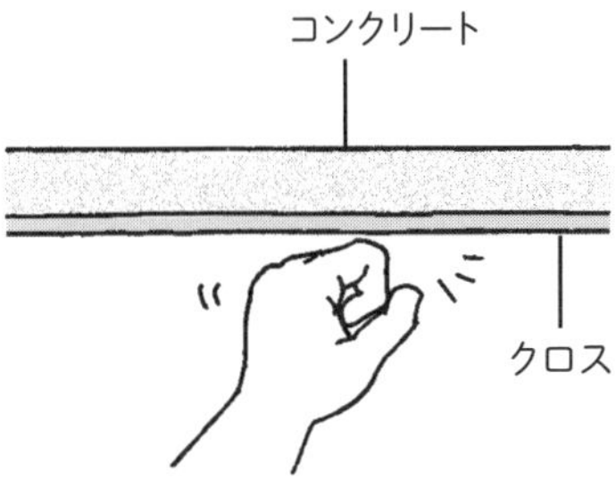

【石膏ボード、薄い木壁の場合】

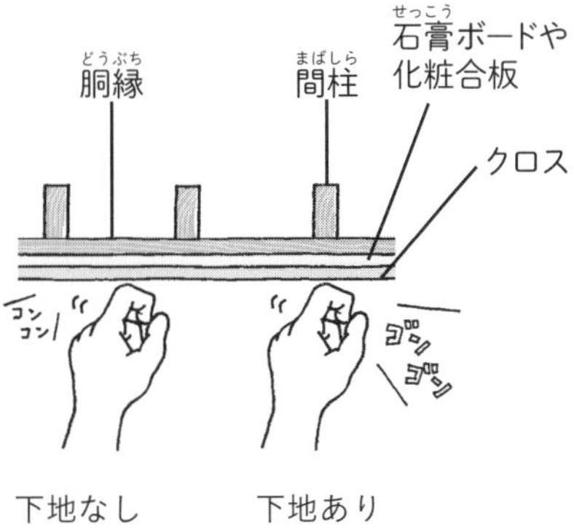

バネ式つっぱり棒の取り付け方

1

つっぱり棒の長さを、取り付けたい隙間より数cm長めに調整する

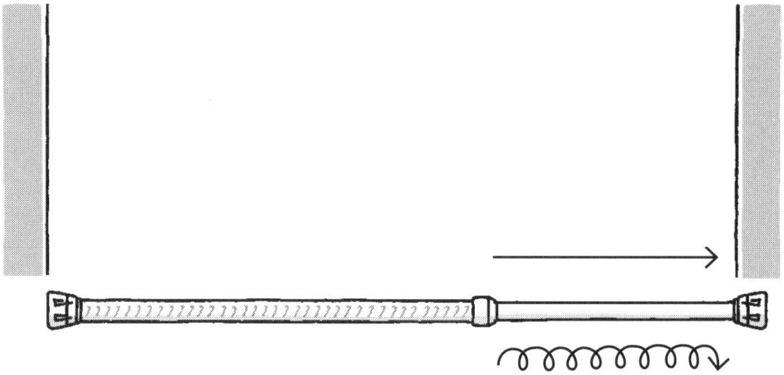

2

細いパイプ側のキャップを壁に押し当てながら、
内蔵されているバネをギュッと縮め、取り付けたい隙間に押し込む

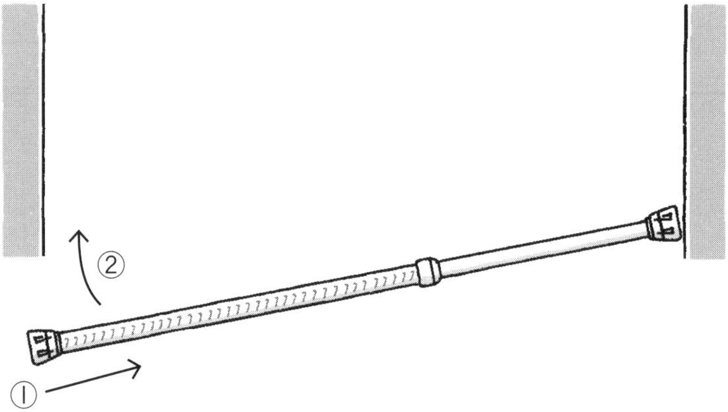

3

縮んだバネがもとに戻ろうとして、壁をつっぱる力が生じ、つっぱり棒が固定される

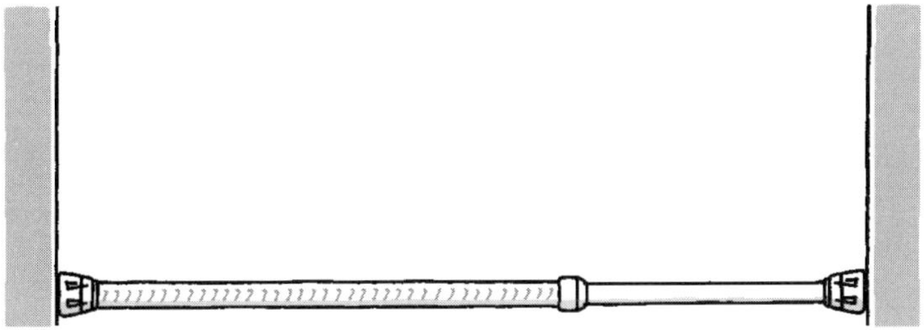

＊ 取り付けるときにバネを縮めれば縮めるほど、バネの弾力が生まれ、取り付け強度が増します。しっかり取り付けたいときは、1のときに最初に伸ばす長さを少し長めに調整し、できるだけ強く力を加えてバネを縮め、取り付けるようにしてください

注意点

パイプを回しながらの取り付けはＮＧ。この取り付け方では縮んだバネが戻ろうとする力を活かしきれないので、つっぱり棒の強度が十分に出ません。また、回しながら取り付けると、バネに負荷がかかりパイプ内でよじれてしまい、バネが壊れてしまうおそれがあります。一度バネが壊れてしまうと、つっぱり棒はつっぱらなくなります。必ず数cm伸ばして、バネを縮めて取り付けるようにしましょう

ジャッキ式つっぱり棒の取り付け方

1

長さ固定ネジをゆるめ、細いほうのパイプをつっぱる面まで引き出す

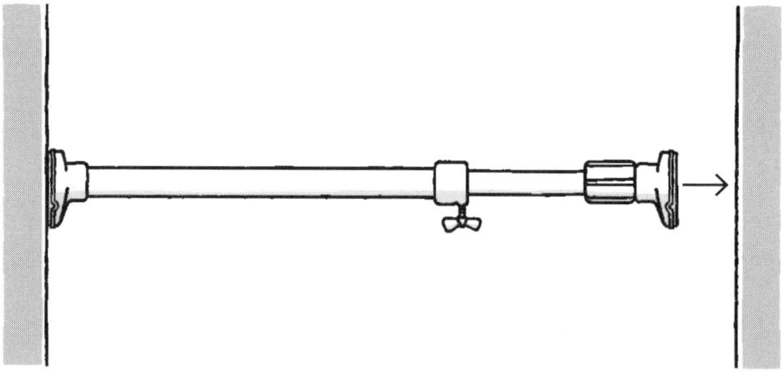

2

長さ固定ネジを回して、パイプの長さを固定する

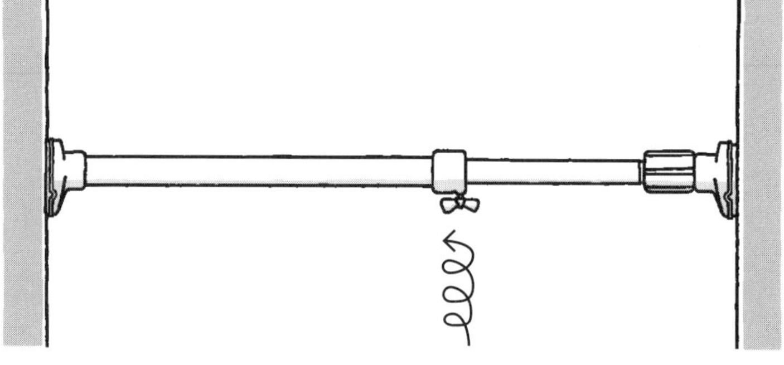

3

パイプの端のグリップ（ジャッキ部分）を「つっぱり」の方向に回し、
壁に圧着させる

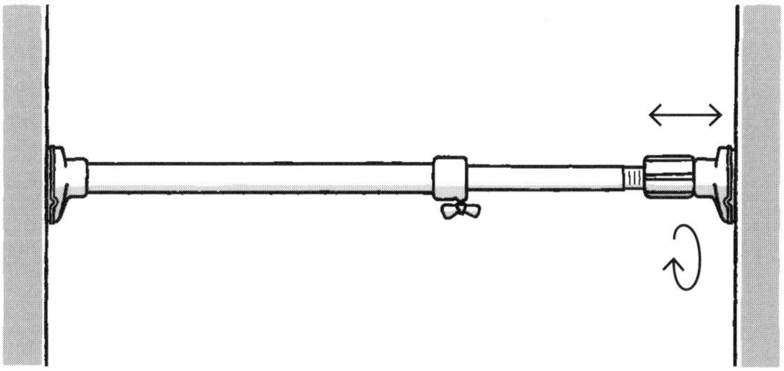

＊ 最初にグリップを1～3周回し、仮固定してつっぱり棒の位置を整えてから、しっかり圧着させるようにすると、うまく取り付けられます

取り付けの注意点

長さ固定ネジは、しっかり根本までねじ込みましょう。このネジは先端が尖った錐状になっています。根元までねじ込むことで、ネジがパイプに貫通し、2本の太さの違うパイプが1本に連結されるのです。
貫通していない状態でつっぱると、パイプが内側に滑り込んでつっぱれなくなり、落下してしまうことがあります

つっぱり棒の強度を決める三要素

つっぱり棒の強度の決め手

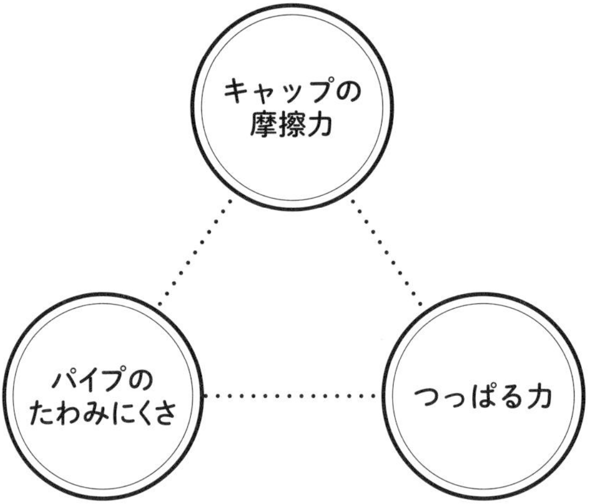

1本の棒で、ものを掛けたり吊るしたりと大活躍のつっぱり棒ですが、その強度には3つの要素がかかわっています。それが、「壁をつっぱる力」「キャップの摩擦力」「パイプのたわみにくさ」の3つ。つっぱり棒は、この三要素を最大化することで、強度が増します。

つっぱる力は、バネ式よりジャッキ式のほうが強力。壁との摩擦力は、キャップが大きいほど増します。そしてパイプは、細いものより太いもののほうがたわみにくいのです。

だから、より強いつっぱり棒を選ぶなら、ジャッキ式で、キャップが大きく、パイプが太いものがおすすめ、というわけです。

つっぱり棒の強度を上げる方法

「つっぱり棒の強度をもっと上げる方法はありませんか？」

とよく聞かれます。

なかにはよかれと思って、つっぱり棒と壁のあいだに滑り止めになるもの（化粧用パフ、カーペット用の滑り止め、耐震用粘着マット、吸盤など）をはさんでいる人がいますが、これはＮＧ。かえってつっぱり棒の摩擦力が落ち、滑りやすくなってしまいます。

つっぱり棒の強度を保つためには、壁とつっぱり棒のあいだには何もはさまないのが鉄則、と覚えておいてください。

では、どのようにすれば、つっぱり棒の強度がアップするのでしょうか。

私がおすすめしているのはさまざまな補助具を使うことです。１００円ショップで購入できるものから、専用の器具まで、ここでいくつかご紹介しましょう。

ただし、補助具を使う場合も、正しい取り付け方をすることが大前提であることをお忘れなく。

つっぱり棒の強度を上げるひと工夫

バネ式+魚の目パッド

① つっぱり棒のキャップを外す
② 魚の目パッドの穴にポールを通す
③ キャップを戻す
④ 取り付けたい場所に取り付ける
⑤ 魚の目パッドを壁に貼り付ける

＊ つっぱり棒のキャップと壁のあいだにはさむのではなく、キャップの上から壁に貼り付ける

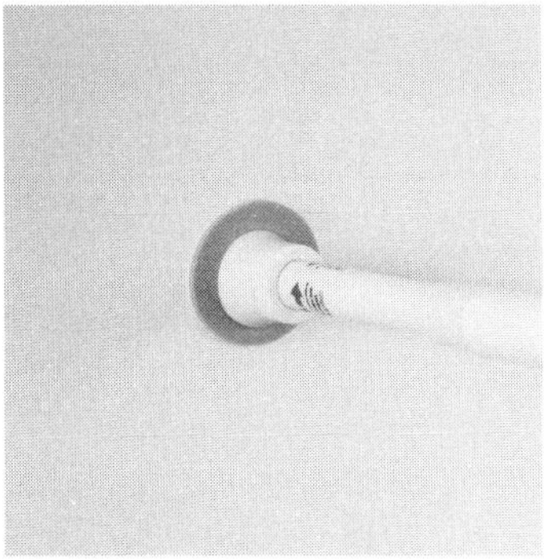

バネ式+メッシュパネル

① 取り付けたい壁にメッシュパネルを立てかける
② メッシュの編み目の中につっぱり棒を取り付ける

バネ式・ジャッキ式+補助板

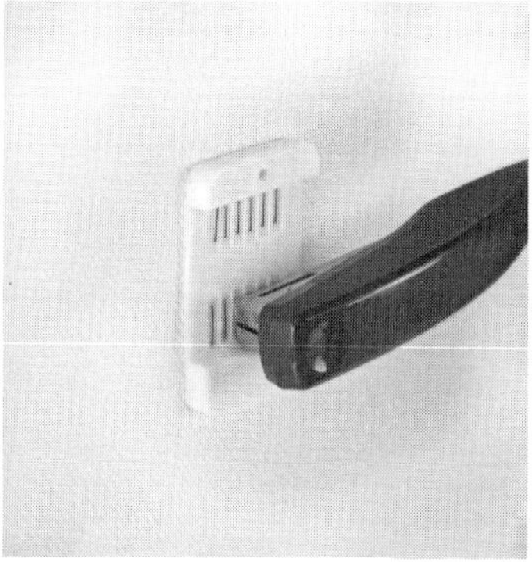

①取り付ける場所に、付属のホチキス針またはネジで補助版を取り付ける
②補助版につっぱり棒やつっぱり棚のキャップをかぶせるように取り付ける

バネ式・ジャッキ式+木材

①1×4材を用意する
②つっぱり棒を取り付けたい高さに木材をカットする
③両面テープなどで木材を壁に固定する
④木材の上につっぱり棒を取り付ける

バネ式・ジャッキ式+支え棒

①つっぱり棒を取り付ける
②支え棒を下からつっぱり棒を支えるように取り付ける

＊ つっぱり棒のたわみが気になるときにおすすめ

つっぱり棒でおしゃれに見せるコツ

つっぱり棒はとても実用的なアイテムですが、インテリアに合わせた使い方を押さえておくと、もっと使うのが楽しくなります。そのコツをいくつかご紹介しましょう。

〔細いつっぱり棒を使う〕

我が家の本棚で、本の表紙が見えるように収納するときに使っているつっぱり棒は、直径が7㎜の一番細いつっぱり棒。このような「見せる使い方」では、細いつっぱり棒を使うとスッキリコーディネートできます。

細いつっぱり棒は、ホームセンターのカーテン売り場などで、カフェカーテン用として販売されています。ただし、細い分強度がないのでご注意を。

〔取り付ける背景と合わせる〕

水まわりなど清潔感を求められる場所では、白のつっぱり棒が合います。洗濯機の近くなどは、メタリックなステンレス製もよく合います。また、背景が木の場合は、茶色や木

調のつっぱり棒もおすすめです。

〔好きな柄や色でアクセントをつける〕

つっぱり棒は基本的に白がメインで、カラーや柄のバリエーションはあまり多くありません。インテリアに合わせて色や柄を楽しみたい場合は、マスキングテープでつっぱり棒をデコレーションしてしまいましょう。

マスキングテープは色や柄も豊富。また貼ってはがせるほど糊《のり》が弱いので、つっぱり棒のパイプやプラスチックに影響を与えず、安心して使えます。

やってはいけない！　つっぱり棒の使い方

暮らしの強い味方であるつっぱり棒ですが、間違った使い方をすると、壁を傷つけたり、掛けているものを壊してしまう可能性もあります。

すでに述べている注意点も含め、以下のような使い方には注意しましょう。

〈平行でない壁に取り付けない〉

取り付ける壁が平行でない場合、キャップと壁に隙間ができてしまうので、取り付けができません。

〈壁に対して斜めに取り付けない〉

つっぱり棒は壁に対して直角に取り付けしてください。斜めに取り付けするとキャップと壁に隙間ができてしまうので、取り付けできません。

｛キャップと壁のあいだにものをはさまない｝

つっぱり棒のキャップは、壁との摩擦力が最大化されるように設計されています。97ページでも述べたように、落下防止のためにものをはさんでいる人がいますが、かえって摩擦力を落とすことになるので、使わないようにしましょう。

｛塗り壁には取り付けない｝

漆喰や珪藻土などを使った塗り壁は表面が凸凹しているので、キャップの摩擦力が十分生まれません。さらに材質が弱いので、つっぱるとヒビが入ったり凹んだりするおそれがあります。このような場所ではつっぱり棒は使わないようにしてください。

｛取り付けの上下を逆にしない｝

つっぱり棒の四角いキャップの場合、実は取り付けには上下があります。荷重がかかってパイプがたわんできたときに、壁との接地面積が維持できるように、下側を長く設計しているものがあります。このようなキャップのつっぱり棒は、パイプの中心が上に来るように取り付けをしましょう。

〔浴室に取り付けない〕

多くの住宅で使われているユニットバスは壁が弱いので、つっぱると構造が歪んでしまうおそれがあります。また、つっぱり棒は鉄でできているものが多いので、湿度が高い場所ではパイプがサビてしまう可能性も。

さらには、キャップと壁のあいだに水分が入ると、滑って落下する可能性もあるので、浴室でのつっぱり棒の使用はおすすめしません。

〔懸垂しない〕

ユーチューバーの中にはつっぱり棒で懸垂《けんすい》している人を見ますが、危険なので絶対にしないでください。耐荷重は静かにものを引っ掛けたり置いたりしたときの重さです。懸垂などは加速度がついているので、たとえ体重が耐荷重内で収まっていても、それ以上の負荷がつっぱり棒にかかっています。

よくある疑問に答えます！　つっぱり棒Q&A

ここで、お客様からいただくことの多い「つっぱり棒の疑問」をいくつかご紹介しましょう。つっぱり棒を長く、安全に使うための参考にしてください。

Q　つっぱり棒を選ぶ際のポイントを教えてください

A

まずは使用用途に合わせて、バネ式かジャッキ式、どちらを選ぶか決めましょう。
コートハンガーのように、洋服を一時的に掛けるのであれば、条件によっては太めのバネ式でも問題ありませんが、クローゼットのようにたくさんの衣類を保管するために使うのであれば、ジャッキ式をおすすめします。
一方で、小さな空間を仕切ったり、軽いカフェカーテンを掛けるなど、それほど強度を求められない場合はバネ式でも問題はありません。
また、つっぱる壁の強度によってはつっぱり棒の力が発揮されない場合もあるので、そのときは補助具を上手に組み合わせると落下のストレスから解放されます。

（＊補助具は98〜99ページ参照）

Q　つっぱり棒のキャップ裏面の「つるつる」と「凸凹」、強度が高いのはどっち？

A　よく見ると、つっぱり棒のキャップの接地面は、つるつるしているものと凸凹しているものがありますよね。キャップと壁の摩擦力を最大化するには、つるつるのほうが効果的です。強度を求める場合は、つるつるしたキャップのものを選びましょう。

Q　つっぱり棒を外したら、一緒に壁紙がはがれてしまいました。どうして？

A　理由は2つ想定されます。

1つめは、つっぱり棒の壁からのずれが原因です。つっぱり棒が何らかの理由で落下したときに、キャップの摩擦力で壁紙を引きずってはがしたと考えられます。正しい取り付けで落下しないように取り付けていれば、壁紙のはがれは防げたかもしれません。

2つめは、キャップと壁紙の材質が原因です。キャップと壁紙が同じポリ塩化ビニル（ＰＶＣ）製であった場合、ポリ塩化ビニルに含まれる添加剤の影響で、ポリ塩化ビニル同士が溶けてくっつく場合があります。くっついたものを無理やりはがすと、壁紙がはがれてしまうことがあります。

このような現象を防ぐため、メーカーによってはキャップにポリ塩化ビニルではなく、ＥＶＡという素材を使っているものがあります。使用環境によって、キャップの材質を確認することをおすすめします。

また、壁紙の貼り替え直後など、糊が乾いていないときも、はがれやすいです。しっかり糊が乾ききってから、つっぱり棒を取り付けるようにしましょう。

Q つっぱり棒の使用期限はどれくらい？

A

プラスチックや鉄も、時間とともに劣化します。食品のように明確な使用期限はありませんが、使用環境に応じて、劣化のスピードが変わります。

例えば、つっぱり棒の一部に使われているＡＢＳやポリプロピレン（ＰＰ）などのプラスチックは、紫外線を浴びると劣化が加速します。また、洗剤や油分、アルコールなどの付着も、素材に影響を与えます。

このように、使用環境や材質によって劣化のスピードが変わるので、数カ月に1回はつっぱり棒のジャッキにゆるみがないか、プラスチックに割れがないか、つっぱり棒自体を引っ張ってみるなどして確認するようにしてください。

一番長いつっぱり棒はどれくらい？

実は横方向で使うつっぱり棒は、日本で一般的に使われている住宅モジュール「尺貫法」を基本に、住宅内で生まれる「あらゆる隙間」に着目してサイズが決められています。壁と家具のあいだに生まれるちょっとした隙間から、トイレの間口、半間の押入れ、１間の押入れ、４帖半の部屋、６帖部屋の短辺にまで、対応できるサイズがあります。ちなみに一番短いもので13㎝、一番長いものは２８３㎝（＊業務用カーゴバーを除く）あります。

ときどき「もっと長いつっぱり棒がほしい」という要望をいただくことがあるのですが、つっぱり棒が長くなると耐荷重が極端に小さくなり、また製品自体も重くなるので、落下したときケガをするおそれがあります。そのため、安全面を考え、２間（約３・５ｍ）対応のつっぱり棒は、どのメーカーもつくっていません。

一番長いつっぱり棒はどれくらい？

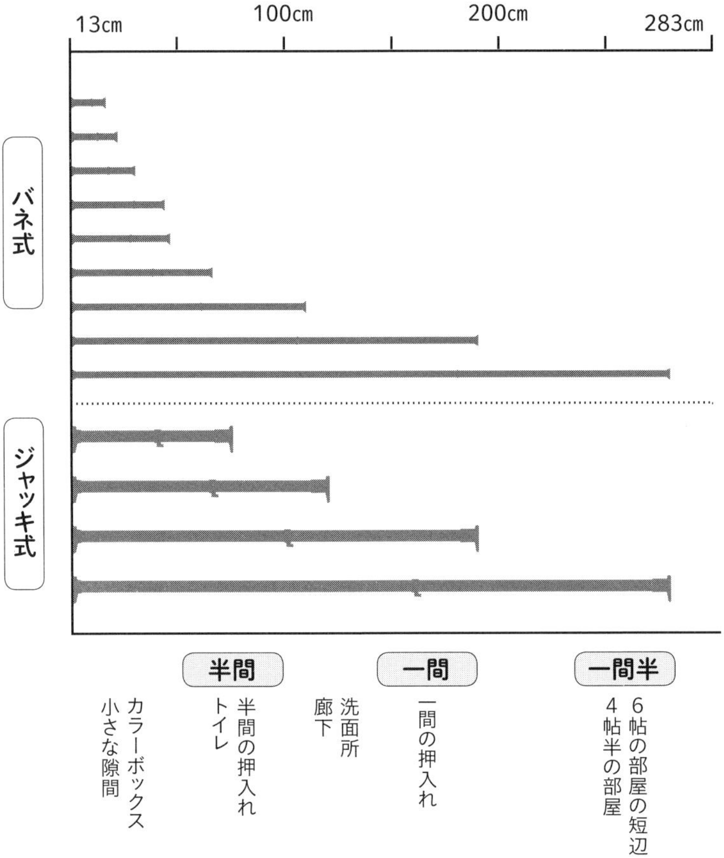

＊トラックの荷台などの荷物を固定するカーゴバーは、仮固定用として使われていますが、3m以上のサイズ展開もあります。収納用品としては使われていないので、ここでは除外しています

こんなにある！　つっぱり棒の種類

つっぱり棒は、棒を横につっぱるものが基本ですが、使用シーンに合わせてさまざまな形状に進化しています。

例えば、2本のつっぱり棒と棚板を組み合わせた棚タイプ、天井と床の隙間で縦につっぱるタイプもあります。

さらに使用シーンに合わせた専用品も数多く開発されています。キッチン用の棚、洗濯機用ラック、ベランダ用の竿受け、間仕切り、家具固定器具など。専用品ならではの機能やデザインも魅力です。こうしたものを活用するのもいいですね。

そのほかにも、38ページで紹介したつっぱり補助具（つっぱり式ＤＩＹパーツ）などは、室内だけでなく屋外でも使用できるものも市販されています。

キッチン用ラック

家具固定器具（転倒防止用）

Column

ここまで進化した！

つっぱり棒②……「DRAW A LINE」

つっぱり棒といえば「白」が定番。「見た目がチープ」というお客様からの声を聞くことがよくありました。

でも、これだけ便利で暮らしに欠かせない存在なのに、そんなことをいわれると寂しいじゃないですか。そこで「もっと見える場所で使えるつっぱり棒をつくりたい！」という思いから生まれた商品が「ＤＲＡＷ　Ａ　ＬＩＮＥ（ドローアライン）」です。

実際、おしゃれなつっぱり棒は世の中にほとんどありませんでした。じゃあ自分たちでつくってしまおうと、クリエイティブユニットのＴＥＮＴさんと一緒に開発しました。

マットなブラックとホワイトの２色展開で、つっぱると部屋の中に一本の線を引いたように見えるように、直線的なフォルムになっています。そこに、同シリーズの棚やフック、照明などを組み合わせて空間を自分好みにデコレーションできるのが特徴です。

今まで縁の下の力持ちだったつっぱり棒が、お部屋の主役になる日がついに到来しました！

この商品はフランスでも販売がスタート。「ＤＲＡＷ　ＡＬＩＮＥ」のコンセプトは、「禅っぽい」「ミニマル」と海外でも高く評価いただいています。

日本で独自に成長したつっぱり棒文化が世界に認められる日も、そう遠くないかもしれませんね。

「一本の先からはじまる新しい暮らし」をコンセプトにしたつっぱり棒。お部屋に線を引くようにつっぱり棒を取り付け、アクセサリーを組み合わせると、自分好みに空間をアレンジできます

つっぱり棒に照明とテーブルを組み合わせると、新しいスタイルのスタンドライトになりました

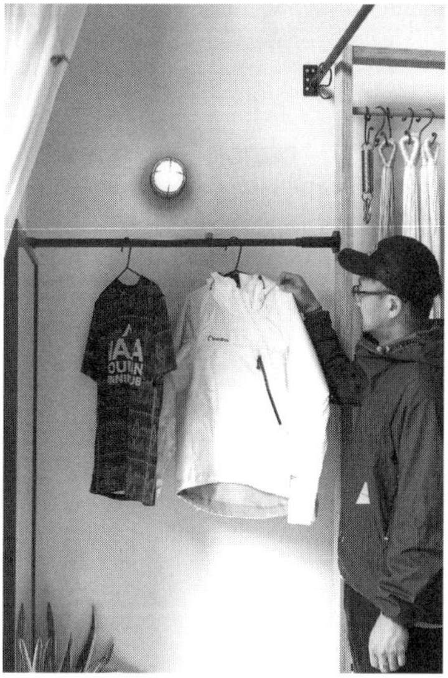

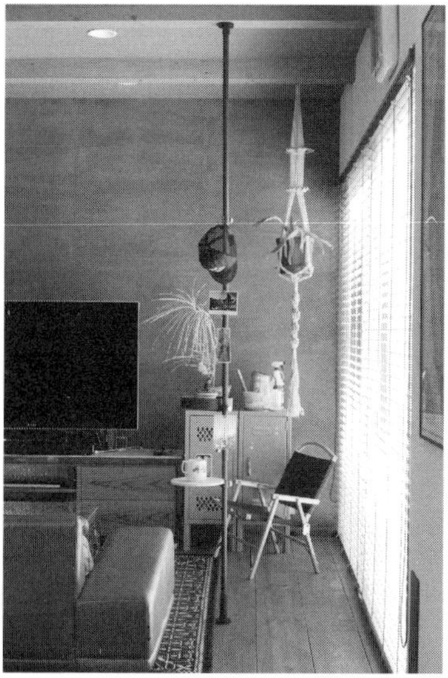

シンプルでかっこいいインテリアにもマッチ。収納用品とは無縁のおしゃれ男子からも支持をいただいていています

イラストレーターさんのアトリエでも、画材の収納としてご利用いただいています。実用とインテリア性の両立がポイント

\「つっぱり棒の達人」紹介/

つっぱり棒の使い方は無限大！　アイデア次第で、いろいろな場面で活躍してくれます。ここでは、私が尊敬してやまない「つっぱり棒の達人」の皆さんをご紹介します。ぜひ、達人たちの本やブログも参考にしてみてくださいね

近藤典子さん

プロフィール

住まい方アドバイザー。30年以上、暮らしの悩みを解決した経験から生みだされた収納の考え方など、暮らし提案が好評。メディアでの活動、企業とのオリジナル収納ユニットの商品化、住宅や展示場、ショールーム監修など幅広く活躍中。ハウスメーカーと取り組んだ展示場は、暮らし方にグッドデザイン賞も受賞した。韓国ではマンションの間取り提案に対し、韓国版グッドデザイン賞を受賞。中国では、南京工業大学浦江学院客員教授としての経験や、建築分野での翻訳本が高く評価され、「全国工商聨家具装飾業商会」より中国の住宅発展に貢献した人物として表彰された。
著書の累計部数、400万部以上、仏語・中国語の翻訳本多数。資格取得できる「住まい方アドバイザー養成講座（東京・大阪）」を開講中。著書に『近藤典子が考えた「片づく家のつくり方」』（講談社）などがある。

ホームページ　http://www.hli.jp/
フェイスブック　https://www.facebook.com/kondonoriko.hli

私と「つっぱり棒」

キッチンでも、玄関でも、どんな空間でもつっぱり棒で棚使い、棒使いなどを工夫することで空間を効率よく利用できることがありがたいです。長く使いたいので、落ちない工夫まで考えるのが〈近藤流〉の提案として、大切にしています。

シンクやコンロ下は、配管が妨げになってピッタリの収納をつくるのが難しいですよね。そんな使いづらい場所も、近藤さんのつっぱり棒活用術を実践すると、簡単に収納空間を有効活用できますよ

まずはコンロ下。近藤さんのアイデアでは、配管を軸に、片側に置型のラック、もう片側にはつっぱり棒とメッシュパネルを組み合わせて棚板を追加することで、空間を効率よく利用できます

つっぱり棒とメッシュパネルは、結束バンドで固定。空間を区切ることで収納量がアップします。つっぱり棒には、ずれ防止

のために、壁との接地面に魚の目パッドを取り付けています。出し入れの振動が加わっても、安定して使えます

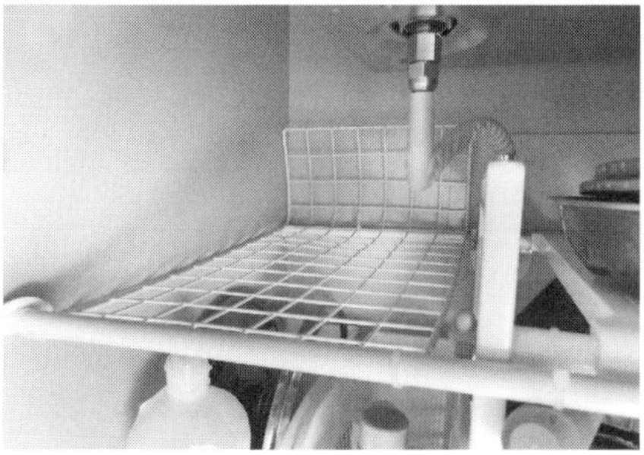

シンク下は、壁に取り付けた粘着フックにメッシュパネルを引っ掛け、その網目につっぱり棒が載るように取り付けしています。つっぱり棒にかかる負荷が軽減されて、重い洗剤のストックなどを収納しても、ずれにくくなります

収納王子コジマジックさん

プロフィール

収納王子コジマジック（一般社団法人日本収納検定協会 代表理事 小島弘章）。
片づけ・収納・住まいに関する確かな知識と実績を持つプロフェッショナルでありながら、松竹芸能で25年の芸歴を積んだ、主婦層に圧倒的な支持を受ける男性ライフスタイル系タレントのパイオニア的存在。収納に“笑い”を取り入れたセミナーが話題となり、年間講演依頼数は200本以上。著書・監修本は累計35万部を超え、2014年12月には収納と育児・教育・育成を組み合わせた“収育”を理念として掲げた「一般社団法人日本収納検定協会」を設立。2015年10月からは“お片づけを楽しむ検定”「収検（収納検定）」をスタートさせる。そのほか収納グッズ開発やモデルルームの収納コーディネートなど幅広く活躍。著書に『リバウンドしない収納の魔法』（青春出版社）、『収育ガイドブック』（監修、日本収納検定協会）などがある。

ホームページ　一般社団法人日本収納検定協会 http://shu-ken.or.jp/
フェイスブック　https://www.facebook.com/hiroaki.kojima.73

私と「つっぱり棒」

自己紹介の際は、「つっぱり棒でアナタの支えになりたい！　収納王子コジマジックです」、講演会の際は指示棒代わりにつっぱり棒を持つほど、“つっぱり棒”は私にとってなくてはならない存在です。
“つっぱり棒”の可能性は無限大で、服・傘・スプレー洗剤などを引っ掛けたり、２本前後につっぱれば、棚板代わりにもなります。
また布団・アイロン台・紙袋などを縦型収納する際の支えになったりもします。
それでいて相手を傷つけない、家に優しい万能収納グッズ。
私は“つっぱり棒”のような人間になりたいのかもしれませんね（笑）

Emi さん

プロフィール

整理収納アドバイザー。OURHOME主宰。
2008年ブログ「OURHOME」を開始。
2009年生まれの双子の母。家族を巻き込み、気持ちがラクになる片づけが得意。
大手通販会社での８年にわたる商品企画の経験を生かし、オリジナルのモノづくりもおこなっている。
NHK『あさイチ』『まる得マガジン』などメディア出演も多数。現在『LEE』(集英社)にて、「わたしの“ちょうどいい”モノ選び」連載中。
『OURHOME～子どもと一緒にすっきり暮らす～』(ワニブックス)、『おかたづけ育、はじめました。』(大和書房)など、著書は12冊、累計42万部突破。新刊『小学生のおかたづけ育』(大和書房)2018年12月発売。

ホームページ https://ourhome305.com/
インスタグラム @ourhome305

私と「つっぱり棒」

私とつっぱり棒の出会いは小学３年生のころでした。
当時は、少女まんがよりも奥様雑誌が大好き！　おこづかいを貯めてよく買っていたことを思い出します。
下駄箱の中で２本突っ張って靴を収納してみたり、ぬいぐるみを収納してみたりと、小さなころからお世話になっているつっぱり棒。
今、整理収納アドバイザーとして仕事をするようになり、自宅ではゴミ箱の上でゴミ袋を収納したり、オフィスではつっぱり棒とストライプの布を使って間仕切りにも。
どんな暮らしの変化にも対応できるつっぱり棒は、きっと私のこれからの暮らしにずっと役立ってくれるものと思います。

芝谷浩さん

プロフィール

収納スタイルコーディネーター。学習机評論家。収納マン。
家具メーカー退職後、日本初となる一般家庭向け収納＆インテリアコーディネートサービスをおこなうシーベックス・インテリアを開業。現在は主に収納と学習机のブログを執筆している。
『ＴＶチャンピオン・収納ダメ主婦しつけ王』選手権で優勝するなど、テレビ、雑誌への出演多数。
著書に、『夢をかなえる幸せの収納力』（グラフ社）、『捨てずに片づく９ステップ』（フォレスト出版）などがある。

ブログ　https://new.shuno-oshieru.com
ツイッター　https://twitter.com/shuno_man

私と「つっぱり棒」

これまでたくさんのクライアント宅でつっぱり棒を使ってきました。パイプハンガーがない収納スペースにつっぱり棒を取り付けるだけで喜ばれるということも何度もありました。
また、いくらつっぱっても落ちてくるというお宅で、壁側を補強したり、強力支え棒を併用すれば落ちることがなくなって、感謝されることも多かったです。
つっぱり棒ほど、シンプルかつ手軽で、奥が深い収納グッズは、ほかにないと思います。
我が家では洗濯機上のスペースにつっぱって洗濯物を掛けているだけですが、洗濯機ラックを置くよりもシンプルかつ低コストでスペースのムダもなく、洗濯をするうえで、なくてはならない存在です。

瀧本真奈美さん

プロフィール

クラシング代表。整理収納コンサルタント、ルームコーディネーターとして県内外で活動中。 NHK『あさイチ』などＴＶ出演多数、雑誌掲載は100冊を超える。
著書に『ナチュラルアンティーク雑貨のある暮らし』（ワニブックス）、『lovelyzakkaの100円グッズでかわいい収納アイデア』『lovelyzakkaのプチプラグッズでおしゃれに暮らすもの選び』（扶桑社）などがある。

ホームページ	https://www.kurashiing.com/
ブログ	https://ameblo.jp/takimoto-manami
フェイスブック	https://www.facebook.com/takimotomanami/
RoomClip	https://roomclip.jp/myroom/61464
LIMIA	https://limia.jp/user/lovelyzakka/
インスタグラム	@takimoto_manami

私と「つっぱり棒」

１本あるとさまざまな用途に使えるつっぱり棒が大好きで、使用歴はもう数十年にもなります。
カフェカーテンの取り付けや、冷蔵庫内の吊るす収納、収納ケースの仕切り、ものを立てる収納など、自宅では欠かせない存在になっています。
また、組み合わせを変えればさらに便利グッズになるので、ブックスタンドと組み合わせて鍋やフライパン収納、棚板を取り付けて収納棚を増やす、ワイヤーネットを組み合わせて壁面収納になど、考えることが楽しいアイテムの１つともいえます。
壁などを傷つけず付け外しが簡単なので、大好きな模様替え、収納の見直しの際にもとても便利で重宝しています。

中山真由美さん

プロフィール

インブルーム(株)取締役、整理収納サービス事業部責任者。整理収納アドバイザー。心理カウンセラー。個人宅、オフィス作業コンサルティングやセミナー講師として全国を飛び回る。これまでにお片づけを手掛けた物件は2000件以上！ 今もっとも予約の取れない整理収納コンシェルジュ。2児の母であり、親しみやすく的確で分かりやすいアドバイスが魅力。現在、『レタスクラブ』にて「神収納術 ヲタクグッズの整理収納」を連載中。著書に『心も整う「捨てる」ルールと「しまう」ルール』(集英社)、『増やす男と、捨てない女の片づけ術』(小学館)、『マンガでわかる 散らからない仕組み』(主婦の友社)などがある。

ホームページ	https://okataduke.me/
ブログ	https://ameblo.jp/inbloom-syunou/
フェイスブック	https://www.facebook.com/mayumi.nakayama.777
インスタグラム	@mayumi.inbloom

私と「つっぱり棒」

「私の相棒、つっぱり棒」。せまい収納スペースから大きな空間まで、魔法のように空間を造り上げるすぐれもの。バネタイプのつっぱり棒は、サイズも豊富で13～280㎝まで対応できるので隙間を有効活用できます。5㎝あればどこでも使えるので、ものを押さえるのに使うことも！ カラーボックスにも活用しています。強力ジャッキタイプのつっぱり棒は最大280㎝までのサイズがあるので、カーテンレール代わりになったり、何もない空間にクローゼットができたりと、お客様の悩みを解決することができるので皆さまにオススメしています。押入れや大きな納戸、洗面所などに洗濯物の一時掛け置き場などをつくるときにも活用し喜ばれています。何もない空間を活用できるつっぱり棒は、私にとってかゆい所に手が届く存在でかけがえのない相棒です。

おわりに

私が「つっぱり棒博士」として活動するようになったルーツをたどっていくと、私の生い立ちにたどり着きます。

私の祖父が１９７０年代にアメリカでシャワーカーテンを吊るす道具として使われていたつっぱり棒を日本に持ち帰り、都市部での手狭な日本の住宅環境を改善する道具として紹介して、一気に全国に普及しました。

その後、父が会社を引き継ぎ、横方向だけだったつっぱり棒を、縦で使ったり、２本を連結して棚にしたり、ジャッキ式で強度をアップしたりして種類を増やし、日本独自の文化として根付かせました。使用シーンもキッチンや押入れ、ランドリーなど、家中に広がりました。そのバトンを、今度は私が受け継ぎました。

２０１０年に会社に入って驚いたのが、社内に蓄積されている「つっぱり棒の知識」の豊富さです。なぜつっぱり棒がこの形になったのか、なぜ取り付け方にルールがあるのか、なぜこの材料を使っているのか――すべてに理由がありました。

それを教えてくれたのが、２人の「裏つ

祖父の誕生日に。祖父母にかわいがられて育った、２歳頃の私

っぱり棒博士」、木村幹雄さんと上田隆久さん。新卒で入社して以来、日夜つっぱり棒について研究・開発を重ねてきたベテランです。私はつっぱり棒の知識を深めていく一方で、その情報はユーザーにまったく伝わっていないことにも気づきました。

さらに巷《ちまた》には、ユーザーが創意工夫して生まれた、さまざまなつっぱり棒の活用術があふれていました。私自身もユーザーの１人として自宅でつっぱり棒の使い方を研究していくうちに、ユーザーとメーカー、両方の情報を整えて発信していけば、もっとつっぱり棒の可能性が広がるのではないかと考えるようになりました。

そうして２０１７年、偶然、婦人誌の『ＥＳＳＥ』（扶桑社）さんからお声がけをいただき、これまで温めてきたことをユーザーにお伝えする機会をいただきました。想像以上の反響で、「今まで間違った使い方をしていた」「取り付け方を変えたらよくなった」「こんな使い方があるなんて知らなかった」などたくさんの感想をいただき、この活動の可能性に確信を持つようになり、現在に至ります。

初期のつっぱり棒

私自身もつっぱり棒が大好きで、家で１５０本も使っている１人の主婦です。同時に、つっぱり棒の開発にかかわってきた私の会社の仲間の知識を皆さんに届ける媒介役でもあります。

収納用品や家の間取りに合わせて暮らすのではなく、暮らしに合わせて収納や間取りを変えられる。つっぱり棒にはそれができます！

世界中の人たちが、つっぱり棒を通じて「自分らしい暮らし」を手に入れられるように、これからもつっぱり棒について発信していきたいと思っています。

最後に、出版の機会をいただけたこと、関係者の皆様に心から感謝申し上げます。

整理収納の専門家の仲間からは、たくさんの学びや刺激をいただきました。青山順子さん、石原あさみさん、井上知恵子さん、岩佐弥生さん、上田亜紀さん、江川佳代さん、大杉悦子さん、岡田周子さん、川西由佳さん、川根礼子さん、川本葉子さん、佐々木弓子さん、佐々木ゆみかさん、笹田奈美子さん、皿井好美さん、澤田真美子さん、芝谷浩さん、田辺直巳さん、辻悦子さん、とみやすかおりさん、中西彰子さん、中村美夕紀さん、長野ゆかさん、西﨑瞳さん、野﨑真有さん、秀島知子さん、平工あつみさん、藤田純子さん、堀中里香さん、望月由貴子さん。

特に、井上さん、中西さんの自宅サロンへの参加なくして、「つっぱり棒御殿」は存在していません。平工さんの現場力には何度も助けられました。長野さんと一緒に開催したつっぱり棒セミナーが本の原案になっています。本当にありがとうございます。

近藤典子先生には、つっぱり棒の黎明《れいめい》期から、活用事例を多く発信いただき、長年本当にありがとうございます。コジマジックこと小島弘章さんとの出会いで、つっぱり棒の価値を再認識させていただきました。さらにお二方にはコメントもいただき、本当に感謝しております。

また、私に伝える機会をくださったメディア関係者の皆様にも、厚く御礼申し上げます。

最後に、つっぱり棒を見つけ改良を重ね、世に広めた歴代の平安伸銅工業スタッフ、祖父・笹井達二、父・康雄、いつも支えてくれている夫・一紘に、ありがとうと伝えたいです。

私を支えてくれる、「裏つっぱり棒博士」と。
右が木村幹雄さん、左が上田隆久さん

著者紹介

竹内香予子（たけうち かよこ）

つっぱり棒博士。整理収納アドバイザー。1982年兵庫県生まれ。新聞記者を経て、2015年につっぱり棒の業界トップシェアメーカー「平安伸銅工業」の三代目社長に就任。あらゆるつっぱり棒を熟知し、整理・収納にとらわれない新しい使い方や商品開発に力を注いでいる。

インスタグラム　@takeuchi_sasai_kayoko

こちらのウエブページでも、つっぱり棒の活用術を紹介しています。
https://www.heianshindo.co.jp/tupparibou/

家中《いえじゅう》スッキリ片《かた》づく!
「つっぱり棒《ぼう》」の便利《べんり》ワザ

2019年1月1日　第1刷

著　　者　竹《たけ》 内《うち》 香《か》 予《よ》 子《こ》

発 行 者　小 澤 源 太 郎

責任編集　株式会社 プライム涌光

電話　編集部　03(3203)2850

発行所　株式会社 青春出版社

東京都新宿区若松町12番1号〒162-0056
振替番号　00190-7-98602
電話　営業部　03(3207)1916

印刷　大日本印刷　　製本　大口製本

ISBN978-4-413-11276-5 C0077